BEI GRIN MACHT SICH IHR WISSEN BEZAHLT

- Wir veröffentlichen Ihre Hausarbeit, Bachelor- und Masterarbeit
- Ihr eigenes eBook und Buch - weltweit in allen wichtigen Shops
- Verdienen Sie an jedem Verkauf

Jetzt bei www.GRIN.com hochladen und kostenlos publizieren

Andre Försterling

Komparative Analyse der Geschäftsmodelle von Beteiligungsgesellschaften und diversifizierten Unternehmen

GRIN Verlag

Bibliografische Information der Deutschen Nationalbibliothek:

Die Deutsche Bibliothek verzeichnet diese Publikation in der Deutschen Nationalbibliografie; detaillierte bibliografische Daten sind im Internet über http://dnb.d-nb.de/ abrufbar.

Dieses Werk sowie alle darin enthaltenen einzelnen Beiträge und Abbildungen sind urheberrechtlich geschützt. Jede Verwertung, die nicht ausdrücklich vom Urheberrechtsschutz zugelassen ist, bedarf der vorherigen Zustimmung des Verlages. Das gilt insbesondere für Vervielfältigungen, Bearbeitungen, Übersetzungen, Mikroverfilmungen, Auswertungen durch Datenbanken und für die Einspeicherung und Verarbeitung in elektronische Systeme. Alle Rechte, auch die des auszugsweisen Nachdrucks, der fotomechanischen Wiedergabe (einschließlich Mikrokopie) sowie der Auswertung durch Datenbanken oder ähnliche Einrichtungen, vorbehalten.

Impressum:

Copyright © 2006 GRIN Verlag GmbH
Druck und Bindung: Books on Demand GmbH, Norderstedt Germany
ISBN: 978-3-638-67505-5

Dieses Buch bei GRIN:

http://www.grin.com/de/e-book/71223/komparative-analyse-der-geschaeftsmodelle-von-beteiligungsgesellschaften

GRIN - Your knowledge has value

Der GRIN Verlag publiziert seit 1998 wissenschaftliche Arbeiten von Studenten, Hochschullehrern und anderen Akademikern als eBook und gedrucktes Buch. Die Verlagswebsite www.grin.com ist die ideale Plattform zur Veröffentlichung von Hausarbeiten, Abschlussarbeiten, wissenschaftlichen Aufsätzen, Dissertationen und Fachbüchern.

Besuchen Sie uns im Internet:

http://www.grin.com/

http://www.facebook.com/grincom

http://www.twitter.com/grin_com

Technische Universität Berlin

Fakultät VIII: Wirtschaft und Management

Institut für Technologie und Management

Fachgebiet Strategisches Management

Bereich Strategische Unternehmensführung

Diplomarbeit zum Thema

Komparative Analyse der Geschäftsmodelle von Beteiligungsgesellschaften und diversifizierten Unternehmen

Vorgelegt von: Andre Försterling

Berlin, den 9. Oktober 2006

Inhaltsverzeichnis

Inhaltsverzeichnis I
Abkürzungsverzeichnis III
Abbildungsverzeichnis IV
1 Einleitung 1
   1.1 Problemstellung 1
   1.2 Ziel und Aufbau der Arbeit 3
2 Grundlagen 5
   2.1 Beteiligungsgesellschaften 5
      2.1.1 Definition 5
      2.1.2 Klassifikationen 9
         2.1.2.1 Formen von Beteiligungskapital und deren Abgrenzung 9
         2.1.2.2 Formen von Buy-Outs 11
         2.1.2.3 Formen von Buy-Out Gesellschaften 13
      2.1.3 Die Buy-Out Gesellschaft als Kapitalmarktintermediär 14
         2.1.3.1 Investoren 15
         2.1.3.2 Beteiligungsunternehmen (Verkäufer) 16
         2.1.3.3 Intermediäre 1.Ordnung 17
         2.1.3.4 Weitere Spieler auf dem Buy-Out Markt 18
      2.1.4 Zusammenfassung 19
   2.2 Diversifizierte Unternehmen (Konglomerate) 19
      2.2.1 Definition 19
      2.2.2 Klassifikation 20
         2.2.2.1 Formen der Diversifikation 20
         2.2.2.2 Formen diversifizierter Unternehmen 21
      2.2.3 Das Konzept des Parenting Advantage 23
      2.2.4 Zusammenfassung 25
   2.3 Situationsanalyse 25
3 Vergleich von Buy-Out Gesellschaften und Konglomeraten 29
   3.1 Analyserahmen und weiteres Vorgehen 29

3.2 Ziele und allgemeines Geschäftsmodell 31
3.3 Portfolio-Management 34
    3.3.1 Akquisitionen 34
    3.3.2 Desinvestitionen 37
    3.3.3 Kooperationen & Partnerschaften 40
3.4 Analyse der Strukturen 42
    3.4.1 Rechtsform, Eigentumsverhältnisse & Kapitalstruktur 42
    3.4.2 Organisationsstruktur 49
3.5 Analyse der Systeme 53
    3.5.1 Anreizsysteme 53
    3.5.2 Informationssystem / Monitoring & Controlling 56
3.6 Ressourcenbasis 57
    3.6.1 Materielle Ressourcen 57
        3.6.1.1 Finanzielle Ressourcen 57
        3.6.1.2 Sachwerte 58
    3.6.2 Immaterielle Ressourcen 58
        3.6.2.1 Know-How 58
        3.6.2.2 Kultur 59
        3.6.2.3 Reputation 60
        3.6.2.4 Beziehungen & Netzwerke 62
        3.6.2.5 Intellectual Property Rights 63
3.7 Zusammenfassung 63
4 Fazit & Ausblick 66
Anhang 1: Definition der Finanzierungsphasen im Lebenszykluskonzept 68
Anhang 2: Überblick über Alternative Anlageinstrumente 69
Anhang 3: Ausgewählte Definitionen von Geschäftsmodellen 70
Anhang 4: Zusammenfassung der Analyse 73
Literaturverzeichnis 77

Abkürzungsverzeichnis

AG	Aktiengesellschaft
BCG	Boston Consulting Group
BIMBO	Buy-In Management Buy-Out
BVCA	British Venture Capital Association
BVK	Bundesverband Deutscher Kapitalbeteiligungsgesellschaften
CD&R	Clayton, Dubilier, and Rice
EK	Eigenkapital
ESOP	Employee Share Ownership Plan
EVCA	European Venture Capital Association
FTSE	Financial Times Stock Exchange
GE	General Electric
GmbH	Gesellschaft mit beschränkter Haftung
IBO	Investor-led Buy-Out
IPR	Intellectual Property Rights
KG	Kommanditgesellschaft
KKR	Kohlberg, Kravis, and Roberts
KMU	kleine und mittelständische Unternehmen
LBIMBO	Leveraged Buy-In Management Buy-Out
LBO	Leveraged Buy-Out
M&A	Mergers and Acquisitions/Fusionen und Akquisitionen
MBI	Management Buy-In
MBO	Management Buy-Out
REIT	Real Estate Investment Trust
S.à r.l.	Société à responsabilité limitée/frz. GmbH
ULPA	Uniform Limited Partnership Act

Abbildungsverzeichnis

Abbildung 1: Der "Private Equity Cycle" 8
Abbildung 2: Private Equity im Lebenszyklus eines Unternehmens 10
Abbildung 3: Der Buy-Out Markt im Überblick 14
Abbildung 4: Formen diversifizierter Unternehmen 22
Abbildung 5: Konzept des Parenting Advantage 24
Abbildung 6: Lebensdauer der Bestandteile einer Buy-Out Gesellschaft 32
Abbildung 7: Buy-Out Gesellschaft – Bestandteile & Kapitalbeteiligungen 43
Abbildung 8: Diversifiziertes Unternehmen – Bestandteile &
Kapitalbeteiligungen 44
Abbildung 9: Organisationsstruktur diversifizierter Unternehmen 49
Abbildung 10: Organisationsstruktur einer Buy-Out Gesellschaft 51

1 Einleitung

1.1 Problemstellung

Am 24. Juli 2006 wurde durch die Übernahme des größten amerikanischen Krankenhausbetreibers HCA durch ein Private Equity Konsortium bestehend aus Kohlberg Kravis Roberts (KKR), Bain Capital und Merrill Lynch ein 17 Jahre währender Wall Street Rekord gebrochen. Der Kaufpreis von 33 Milliarden US-Dollar bedeutete den weltweit größten Buy-Out der Geschichte und übertraf selbst die 30,2 Milliarden US-Dollar, die 1989 von KKR für den Lebensmittel- und Tabakkonzern RJR Nabisco bezahlt wurden[1].

Damals erregte diese Übernahme eine Menge Aufsehen, vergleichbar mit der „Heuschreckendebatte" in Deutschland 2005, und rückte das Konzept von Private Equity erstmals in den Fokus der Öffentlichkeit. Es wurde davon gesprochen, dass die „Barbaren bereits vor den Toren lauern"[2]. Doch seit damals hat die Private Equity Branche, zumindest in den USA, ihr verwegenes Image abgelegt. Sie hat sich vergrößert, ist gereift und wird im Unterschied zu damals respektiert[3].

Pensionsfonds drängen nun darauf, in die besten Beteiligungsgesellschaften investieren zu können und Investmentbanker stehen Schlange, um dort zu arbeiten. Führende Köpfe der Wirtschaft kehren ihren Unternehmen den Rücken zu, weil sie die Freiheit und die Vielfalt an Möglichkeiten in Beteiligungsgesellschaften bevorzugen[4]. Die Barbaren lauern nicht mehr nur vor den Toren, sie haben den Thron erobert.

Dies ist auch der Wissenschaft nicht entgangen. Doch obwohl sich die Forschung bereits seit ca. 20 Jahren mit dem Thema beschäftigt, wurde Private Equity bis vor kurzem nur als vernachlässigbarer Bestandteil des Gebietes

---

[1] Vgl. Smith, P., Politi, J. (2006).
[2] Eine Reihe von Büchern und Artikel erschien zu diesem Thema, am bekanntesten ist wohl das Buch von Burrough und Helyar: „Barbarians at the Gate: The Fall of RJR Nabisco", vgl. Burrough, B., Helyar, J. (1989).
[3] Vgl. Larsen, P.T. (2006).
[4] Vgl. ebenda.

Corporate Finance gesehen[5]. Eine Betrachtung von Buy-Out Gesellschaften unter strategischen Gesichtspunkten kommt in der wissenschaftlichen Literatur zu kurz, sofern sie überhaupt vorhanden ist. Zwar existieren Porträts diverser Private Equity Gesellschaften, doch beziehen diese sich meist auf einzelne (spektakuläre) Transaktionen[6]. Wenn überhaupt, werden dort allgemeine Annahmen über die Gesamtstrategie getroffen, ohne dass eine geeignete Methode zur Untersuchung gewählt wurde. In vielen Fällen wurden Schlüsselfaktoren zur Wertgenerierung ausgemacht[7], in einigen wenigen Fällen wurde Strategie als Entscheidung bzgl. des Investment Fokus der Buy-Out Gesellschaft interpretiert[8]. Erst vor kurzer Zeit erweiterte Wright den Betrachtungshorizont, indem er aufzeigte, dass Beteiligungsgesellschaften auch Unternehmertum fördern und als Mittel der Erneuerung zu Wachstum, Unternehmensrevitalisierung und strategischer Innovation beitragen[9].

Des Weiteren fiel auf, dass derartige Buy-Outs, obwohl sie als Einzelerscheinungen angesehen werden, zumeist von den selben Firmen bzw. den selben Partnern durchgeführt werden und sich später in dem selben Portfolio wiederfinden[10]. So gesehen sind sie das „Paradebeispiel" einer unverwandten Diversifikation[11] und werden dadurch oft auf eine Stufe mit traditionellen Konglomeraten gestellt[12]. Da die Dauer der Beteiligung zeitlich begrenzt ist, sprechen einige auch von Beteiligungsgesellschaften als „Konglomeraten auf Zeit" und sehen in ihnen eine neue, effizientere Organisationsform, die den klassischen Konglomeraten überlegen ist[13]. Aus diesem Grund prognostizierte Jensen bereits 1989 den Untergang der diversifizierten Kapitalgesellschaften[14], woraufhin Rappaport ein Jahr später andeutete, dass diese einfach die Anreizsysteme und die Erfolgsgrößen

---

[5] Vgl. Wright, M., Robbie, K. (1998), S.522.
[6] So z.B. Burrough, B., Helyar, J. (1989).
[7] Bspw. Zemke, I. (1998), S.131; Berg, A., Gottschalg, O. (2003), S.35.
[8] Vgl. Fenn, G.W., Liang, N., Prowse, S. (1997), S.24.
[9] Vgl. Wright, M., Hoskisson, R.E., Busenitz, L.W. (2001), S.111ff.
[10] Vgl. Baker, G.P., Montgomery, C.A. (1994), S.2.
[11] Vgl. Berg, A., Gottschalg, O. (2003), S.3.
[12] Vgl. Temple, P. (1999), S.ix.
[13] Vgl. Brealey, R.A., Myers, S.C. (2003), S.977f.
[14] Vgl. Jensen, M.C. (1989a), S.37; Jensen, M.C. (1989c), S.8.

Einleitung 3

übernehmen werden und das Buy-Out „Phänomen" nur ein kurzes Kapitel in der langen Geschichte der diversifizierten Kapitalgesellschaften bleibt[15].

Jetzt, wiederum 17 Jahre nach diesem Disput, existieren sowohl erfolgreiche Beteiligungsgesellschaften als auch als „Gegenstück" dazu erfolgreiche diversifizierte Unternehmen, bei denen nicht nur die einzelnen Geschäftsfelder profitabel sind, sondern auch der Aktienkurs überdurchschnittlich abschneidet[16]. Ein Vergleich der beiden Organisationsformen unter strategischen Gesichtspunkten steht jedoch immer noch aus.

1.2 Ziel und Aufbau der Arbeit

Ziel dieser Diplomarbeit ist daher, die Geschäftsmodelle der beiden Organisationsformen zu vergleichen und so Gemeinsamkeiten und Unterschiede von „Buy-Out Gesellschaften" und „Konglomeraten" herauszuarbeiten. Dieser Vergleich erfolgt deskriptiv und basiert auf der umfangreichen Analyse von wissenschaftlichen Büchern, Dissertationen und Fachzeitschriften. Eine Bewertung der Analyseergebnisse soll erst im Fazit erfolgen.

Vorher werden in einem ersten Kapitel die nötigen Grundlagen für einen solchen Vergleich gelegt. Dabei werden zunächst Beteiligungsgesellschaften im Allgemeinen definiert, um später innerhalb einer Klassifikation eine Abgrenzung vorzunehmen. Anschließend erfolgt eine Darstellung des relevanten Marktes, um so auf die spezifische Rolle der Beteiligungsgesellschaft als Kapitalmarktintermediär einzugehen. Im nächsten Schritt werden Konglomerate definiert und auch anhand ihrer Organisationsform klassifiziert. Durch das anschließend vorgestellte Konzept des Parenting Advantage sowie die folgende Situationsanalyse wird aufgezeigt, dass Konglomerate und Beteiligungsgesellschaften auf dem Kapitalmarkt eine ähnliche Stellung einnehmen und daher durchaus vergleichbar sind.

---

[15] Vgl. Rappaport, A. (1990), S.104.
[16] So z.B. Westfarmer in Australien, deren Geschäft u.a. Gebiete wie Versicherungen, Kohlebergbau oder Heimwerkerzubehör umfasst und deren Aktienkurs in den letzten 10 Jahren um über 400% stieg (zum Vergleich: der Australische Aktienindex stieg im selben Zeitraum um nur 123%), vgl. Gottschalg, O., Meier, D. (2005), S.1.

Einleitung

Im Kapitel 3 wird dann der eigentliche Vergleich durchgeführt. Dazu wird zuerst ein geeigneter Rahmen definiert, der den weiteren Verlauf des Kapitels bestimmt. So wird im Anschluss auf Ziele, das Portfoliomanagement, die Strukturen, die Systeme und die Ressourcenbasis beider Unternehmenstypen eingegangen. Das Kapitel schließt mit einer übersichtlichen Zusammenfassung des Vergleiches.

Im abschließenden Kapitel 4 wird eine Bewertung der Ergebnisse vorgenommen sowie ein Ausblick auf weitere Forschungsmöglichkeiten gegeben.

2 Grundlagen

2.1 Beteiligungsgesellschaften

2.1.1 Definition

Beteiligungsgesellschaften stellen Unternehmen Kapital auf Zeit zur Verfügung, ohne dass sie dafür die banküblichen Sicherheiten verlangen. Stattdessen erfolgt eine Beteiligung am Eigenkapital des Unternehmens, kombiniert mit einer mehr oder weniger intensiven Managementberatung und Managementbetreuung[17]. Ziel der Beteiligungsgesellschaften ist es, durch die Investition den Wert des Unternehmens zu steigern, um Kapitalgewinne z.T. durch laufende Erträge und vor allem den späteren Verkauf (den sog. „Exit") zu erzielen[18]. Auf der anderen Seite ermöglicht dieses Beteiligungskapital Unternehmen die Bewältigung einer Vielzahl von Herausforderungen, denen sich Gesellschaft und Manager kleinerer sowie großer Unternehmen gegenüberstehen und für die traditionelle Kapitalquellen nicht mehr zur Verfügung stehen[19]. Dabei entspricht das deutsche Wort „Beteiligungskapital" dem angelsächsischen „Private Equity"[20]. Für Private Equity werden häufig viele andere Namen synonym verwendet[21] von denen manche inhaltlich übereinstimmen und andere sich widersprechen[22]. Am häufigsten wird Private Equity mit der Bezeichnung „Venture Capital" (engl. für Wagniskapital) gleichgesetzt. Beide Begriffe sind nicht präzise definiert und variieren in ihrer Bedeutung von Land zu Land[23]. Der Europäische Private Equity und Venture Capital Verband (EVCA) aber auch führende europäische Verbände wie die BVCA[24] in Großbritannien nutzen allein „Private

---

[17] Vgl. BVK (2006a).
[18] Vgl. Frommann, H., Dahmann, A. (2003), S.6.
[19] Vgl. Frommann, H., Dahmann, A. (2003), S.1.
[20] Vgl. BVK (2006a).
[21] bspw. „Wagniskapital", „Risikokapital", „adventure capital", „chance capital"
[22] Für eine vertiefende Diskussion siehe z.B. Cramer, J.E. (2000), S.163.
[23] Vgl. BVCA (2000), S.4.
[24] BVCA – British Venture Capital Association

Equity" als Oberbegriff für den Beteiligungsmarkt[25]. Venture Capital ist innerhalb dieser Nomenklatur eine Unterform von Private Equity. In der vorliegenden Arbeit wird diese Strukturierung übernommen[26].

In Anlehnung an Bader wird Private Equity wie folgt definiert:

„Private Equity ist eine Finanzierungsart, bei welcher nicht börsennotierten Unternehmen [...] ohne ausreichende Sicherheiten mittel- bis langfristig Kapital und, bei Bedarf, Managementunterstützung zur Verfügung gestellt wird. Zur Realisierung eines dem Risiko entsprechenden Gewinnes besteht von vornherein die Absicht, die Beteiligung wieder zu veräußern."[27]

Dabei ist ihm wichtig, dass Private Equity eine Finanzierungsart und nicht ein Finanzierungsinstrument ist[28]. Aktien, Obligationen, Wandelanleihen oder Optionen sind Finanzierungsinstrumente. Private Equity bietet jedoch eine „Problemlösung" an. Das zu lösende Problem ist eine adäquate Unternehmensfinanzierung, wenn das Kapital des Eigentümers nicht ausreicht und die Bank mangels Sicherheiten nicht zur Kreditvergabe bereit ist. Welches Produkt bzw. Finanzierungsinstrument zur Problemlösung angewendet wird, ist sekundär.

Des Weiteren handelt es sich um die Finanzierung von nicht börsennotierten Unternehmen (daher: *Private* Equity). Dazu gehören im Rahmen eines „Going Private" bzw. „Public-to-Private" Transaktionen auch solche Unternehmen, deren Börsennotierung im Anschluss an die Finanzierung eingestellt wird[29]. Als absolut elementaren Bestandteil der Definition kennzeichnet Bader den Mangel an Sicherheiten. Da Private Equity eine „teure" Form der Finanzierung darstellt, wird sich ein Unternehmen mit ausreichenden Sicherheiten kaum auf den Private Equity Markt begeben, sondern ihren Kapitalbedarf eher mit z.B. einem Bankkredit decken.

Während die ursprüngliche Idee von einer Eigenkapitalbeteiligung ausgeht (daher: Private *Equity*), wählt Bader bewusst den allgemeinen Begriff „Kapital",

---

[25] Vgl. Frommann, H., Dahmann, A. (2003), S.7.
[26] Vgl. ausführlich Kapitel 2.1.2.1.
[27] Bader, H. (1996), S.10.
[28] Vgl. hier und im Folgenden: Bader, H. (1996), S.10-15.
[29] Vgl. hierzu auch Fenn, G.W., Liang, N., Prowse, S. (1997), S.33.

Grundlagen 7

um so zu kennzeichnen, dass auch Fremdkapital bzw. eigenkapitalähnliches Fremdkapital dazu benutzt wird.

Generell wird die Investitionsdauer von Private Equity Vertretern mit drei bis acht Jahren angegeben[30]. Daher sind Private Equity Investitionen von mittel- bis langfristiger Natur. Weiterhin sind solche Beteiligungen in nicht börsennotierte Unternehmen mit einem hohen Ausfallrisiko, geringer Handelbarkeit und geringer Transparenz verbunden[31]. Aufgrund dieser Nachteile und der Illiquidität der Investoren ist ein „entsprechender Gewinn", d.h. eine höhere Verzinsung auch notwendig, da sonst die Investoren in risikoärmere Anlagen abwandern würden.

Grundlegend ist weiterhin, dass bei Private Equity in jedem Fall die Absicht besteht, sich von der Investition zu trennen. Dabei ist neben der Art der Trennung (IPO, Trade Sale oder Secondary Sale)[32] auch der richtige Zeitpunkt von großer Bedeutung, so dass meistens schon zu Beginn des Engagements eine „Exit-Strategie" besteht.

Die Finanzierung mit Private Equity stellt also nach Bader für Unternehmen eine „Problemlösung" dar. Für Investoren ist es eine Möglichkeit, attraktive Renditen zu erwirtschaften, die durchaus im Bereich zwischen 20 und 30 Prozent liegen können[33]. Zu ihren Aufgaben gehört jedoch neben dem Aufspüren lukrativer Investitionsmöglichkeiten, die Durchführung und Strukturierung der Beteiligung, die Umstrukturierung, Betreuung und Überwachung des Beteiligungsunternehmens während der sog. „Holding"-Zeit und schließlich der Weiterverkauf („Exit") des Unternehmens[34]. Den meisten Investoren erscheint es effizienter, diese Aufgaben einem spezialisierten „Intermediär"[35] zu überlassen, da sie zum einen das hohe zeitliche Engagement

---

[30] Vgl. Arbeitskreis „Finanzierung" der Schmalenbach-Gesellschaft für Betriebswirtschaft e.V. (2006), S.256.
[31] Vgl. Frommann, H., Dahmann, A. (2003), S.63.
[32] Vgl. ausführlich dazu Kapitel 3.3.2.
[33] Vgl. Wright, M., Robbie, K. (1998), S.553.
[34] Vgl. Fenn, G.W., Liang, N., Prowse, S. (1997), S.68; Arbeitskreis „Finanzierung" der Schmalenbach-Gesellschaft für Betriebswirtschaft e.V. (2006), S.237.
[35] Zur Intermediärfunktion und einen Überblick über den Beteiligungsmarkt vgl. Kapitel 2.1.3.

Grundlagen 8

scheuen[36] und weder das Know How noch die Erfahrung für solche Beteiligungen besitzen[37]. Diesen Intermediär bezeichnet man als Beteiligungs- oder auch Private Equity Gesellschaft[38].

Fundraising

Investition
- Auswahl
- Strukturierung
- Kontrolle

Exit
- Verkauf der Portfoliounternehmen
- Auszahlung der Investoren

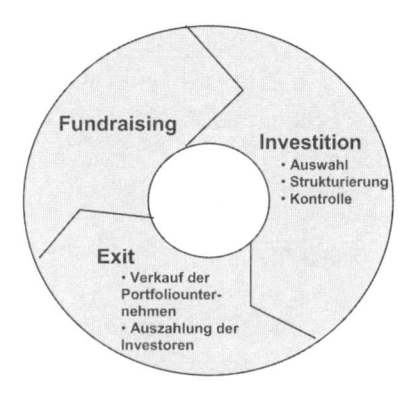

Abbildung 1: Der "Private Equity Cycle"
Quelle: Eigene Darstellung

Investoren nutzen also Beteiligungsgesellschaften für Private Equity Investitionen. Dabei zahlen sie in einen Beteiligungsfonds ein, der üblicherweise in seiner Laufzeit auf 10 bis 12 Jahre begrenzt[39] und als „Blind Pool" strukturiert wird, d.h. die Investoren wissen nicht, in welche Unternehmen investiert werden soll[40]. Somit bleibt den Private Equity Gesellschaften überlassen, welche Unternehmen sie für die Beteiligung auswählen.

Durch einen Fonds werden Beteiligungen in 10-15 Unternehmen finanziert[41], so dass die Private Equity Gesellschaft ein ganzes Portfolio an Beteiligungen zu

---

[36] Vgl. Frommann, H., Dahmann, A. (2003), S.52.
[37] Vgl. Fenn, G.W., Liang, N., Prowse, S. (1997), S.45.
[38] In Anlehnung an die vorher angedeutete Begriffsabgrenzung existieren auch speziellere Bezeichnungen wie „Venture Capital Gesellschaft" oder „Buy-Out Gesellschaft", siehe dazu vertiefend Kapitel 2.1.2.1.
[39] Vgl. Schühsler, H. (1999), S.54.
[40] Vgl. Bance, A. (2004), S.7.
[41] Vgl. Berg, A. (2005), S.16.

Grundlagen 9

betreuen hat. In diesem Zusammenhang bezeichnet man die finanzierten Unternehmen auch oft als Portfoliounternehmen[42].

Die Auflage solcher Beteiligungsfonds bedeutet allerdings auch, dass sich die Private Equity Gesellschaften nach Ablauf der Fondslaufzeit von ihren Portfoliounternehmen trennen und für neue Beteiligungen refinanzieren müssen. Dann beginnt der Kreislauf („Private Equity Cycle"[43]) mit der Auflage neuer Fonds („Fundraising"), der anschließenden Investition inklusive Auswahl, Strukturierung und Überwachung bzw. Kontrolle der Beteiligungsunternehmen und dem abschließenden Exit für sie von vorn (vgl. Abbildung 1) [44].

2.1.2 Klassifikationen

2.1.2.1 Formen von Beteiligungskapital und deren Abgrenzung

Für ein besseres Verständnis von Private Equity und dessen diversen Erscheinungsformen soll an dieser Stelle eine Klassifikation der relevanten Begriffe erfolgen.

Dabei werden entlang des Lebenszyklus eines Unternehmens verschiedene Finanzierungsphasen unterschieden (vgl. Abbildung 2)[45]. Private Equity umfasst als Oberbegriff alle Phasen sowie besondere Finanzierungsanlässe (als **„special situations"** bezeichnet)[46]. **Venture Capital** steht für die Beteiligungsfinanzierung im Frühstadium und **Buy-Outs**[47] für eine solche in einem späteren Stadium des Lebenszyklus eines Unternehmens[48]. Obwohl Venture Capital in großen Teilen Europas mit Private Equity gleichgesetzt wird und dieser Definition zufolge auch Buy-Outs beinhaltet, wird im weiteren

---

[42] Vgl. Berg, A. (2005), S.19.
[43] Den Begriff „private equity cycle" bzw. analog dazu „venture capital cycle" prägten erstmals Lerner und Gompers, vgl. Gompers, P.A., Lerner, J. (1999).
[44] Vgl. Berg, A. (2005), S.26.
[45] Vgl. zum Lebenszykluskonzept bspw. Heitzer, B. (2000), S.10 ff.
[46] Vgl. Bance, A. (2004), S.2.
[47] Auch für diesen Begriff gibt es eine Menge Begriffe synonym verwendet (z.B. Leveraged Buy-out, Management Buy-out, Management Buy-in, usw.), vgl. vertiefend Kapitel 2.1.2.2.
[48] Vgl. Fenn, G.W., Liang, N., Prowse, S. (1997), S.28.

Grundlagen 10

Verlauf die amerikanische Definition bevorzugt, die zwischen Venture Capital und Buy-Outs unterscheidet[49]. Dabei wird Venture Capital auch als das „business of building businesses"[50] bezeichnet, also die Investition in junge Unternehmen mit unentwickelten oder sich gerade erst entwickelnden Produkten und Erträgen. Besonderes Merkmal ist hierbei die Förderung von Unternehmergeist und neu entstehenden Geschäftsfeldern. Die Förderung kann bereits vor Unternehmensgründung (Seed-Financing, vgl. Abbildung 2), zur Unternehmensgründung (Startup) oder zur Wachstums- und Expansionsfinanzierung (Expansion) einsetzen[51]. Im späteren Bereich des Lebenszyklus (Replacement Capital) erfolgt ein fließender Übergang zu Buy-Outs, so dass eine klare Abgrenzung schwierig ist[52].

Special Situations	Private Equity				
	Venture Capital				
	Seed	Startup	Expansion	Replacement Capital	Buy-Out

Reifegrad des Unternehmens

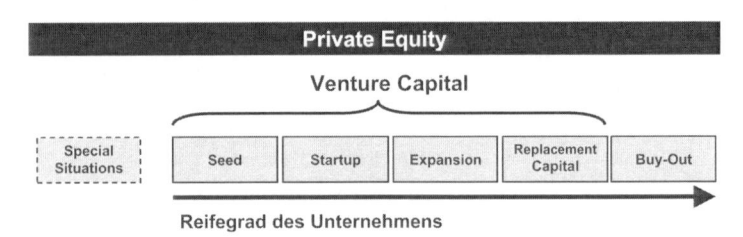

Abbildung 2: Private Equity im Lebenszyklus eines Unternehmens
Quelle: Eigene Darstellung, in Anlehnung an Bance, A. (2004), S.2; Frommann, H., Dahmann, A. (2003), S.6.

Ein Buy-Out bezeichnet die zeitlich befristete Übernahme eines signifikanten Anteils an einem Unternehmen (bzw. Unternehmensbereich), welche üblicherweise einen Eigentümerwechsel nach sich zieht[53]. Finanziert werden diese Transaktionen durch eine Mischung aus Eigen- und Fremdkapital und meist durch die enge Mitwirkung von spezialisierten Anlegergruppen, den Private Equity Gesellschaften bzw. speziell hier, den Buy-Out Gesellschaften[54].

---
[49] Vgl. Burgel, O. (2000), S.14; BVCA (2000), S.4.
[50] Vgl. hier und im folgenden Bance, A. (2004), S.3.
[51] Eine genauere Erläuterung der einzelnen Phasen befindet sich in Anhang 1.
[52] In Abbildung 2 erfolgt dennoch eine Abgrenzung gemäß dem Bundesverband deutscher Kapitalbeteiligungsgesellschaften (BVK), vgl. Frommann, H., Dahmann, A. (2003), S.6.
[53] Vgl. Wright et al. (1994), S.216 oder auch Berg, A. (2005), S.9.
[54] Vgl. ebenda.

Grundlagen

Diese investieren in eher entwickelte Unternehmen mit ausgereiften Business-Plänen. Darunter fallen sowohl ausgegliederte Unternehmensbereiche (sog. spin-offs[55]), als auch Übernahmen öffentlicher oder privater Unternehmen[56].

Die Private Equity Finanzierung besonderer Situationen („special situations") ist schlechter in den Lebenszyklus einzuordnen und daher eher allgemein abgegrenzt. Sie umfasst Projektfinanzierung, einmalige Möglichkeiten durch Branchentrends oder staatliche Regulierungen, Leasing, sowie nachrangiges Fremdkapital, welches auch manchmal als Mezzanine Kapital[57] bezeichnet wird[58].

Zusammenfassend lässt sich Private Equity also grob in die drei Unterbereiche Venture Capital, Buy-Outs und Special Situations unterteilen. Für eine vergleichende Analyse zu diversifizierten Unternehmen ist davon vor allem der Buy-Out Markt relevant, da hier in bereits ausgereifte Unternehmen investiert wird. Zwar besitzen größere Konzerne auch weniger reife Sparten im Sinne von Venture Capital, doch bilden die entwickelten Konzernteile zumeist die Stützen des Unternehmens. Eine Berücksichtigung der „Special Situations" schließt sich bereits durch den Namen aus. Somit wird sich im Folgenden auf den Buy-Out Markt und dessen Teilnehmer (insbesondere die Buy-Out Gesellschaften) beschränkt.

2.1.2.2 Formen von Buy-Outs

Neben der Charakterisierung anhand der erworbenen Unternehmen (Spin-off, Kapital- oder Personengesellschaft) existieren viele verschiedene Typen von Buy-Outs.

Die wohl prominenteste Bezeichnung ist ein Leveraged Buy-Out (LBO). Bei einem LBO wird der Großteil des Kaufpreises mit Fremd- und nicht Eigenkapital finanziert, so dass anschließend der Verschuldungsgrad des

---

[55] Manchmal auch als spin-out bezeichnet. Vgl. auch Kapitel 3.3.2.
[56] Vgl. bspw. Berg, A. (2005), S.10.
[57] Manche Autoren ordnen Mezzanine Finanzierung in das Lebenszykluskonzept ein (Vgl. Schefczyk, H. (2000), S.24). In der vorliegenden Arbeit wird die Einordnung durch die EVCA bevorzugt.
[58] Vgl. Bance, A. (2004), S.3.

Grundlagen 12

erworbenen Unternehmens (auf engl.: leverage) enorm ansteigt[59]. Bei einem Management Buy-Out (MBO) hingegen übernimmt das Senior Management des Unternehmens die Firma[60] und finanziert dies ebenfalls zu einem Großteil mit Fremdkapital. Management Buy-Ins (MBI) bezeichnen die gleiche Transaktion mit dem Unterschied, dass hierbei ein unternehmensfremdes Management die Firma übernimmt. Buy-In Management Buy-Outs (BIMBOs) stehen für eine Kombination der beiden Varianten. Investor-led Buy-Outs (IBOs)[61] sind solche Transaktionen, in denen die Beteiligungsgesellschaft proaktiv handelt, d.h. sie übernimmt ein Unternehmen und entscheidet sich erst im Anschluss, wer die Firma managen soll. Teilweise wird auch ganz auf ein Management verzichtet und die Beteiligungsgesellschaft managt die Firma selbst.

Eine Anwendung der vorgestellten Einteilung erscheint in der Praxis schwierig[62], da Transaktionen dazu neigen verschiedene Eigenschaften obiger Untergliederungen zu kombinieren. So beinhaltet beinahe jede Transaktion einen Anteil Fremdkapital und sehr viele Transaktionen werden zumindest von einem Teil des aktuellen Managements getragen[63], so dass LBIMBO[64] wohl konsequenterweise die passende Bezeichnung wäre. Zur Vereinfachung wird daher im Folgenden „Buy-Out" als umfassender Begriff verwendet[65].

---

[59] Vgl. Sahlman, W.A. (1990), S.516.
[60] Vgl. hier und im folgenden: Wright, M., Robbie, K. (1996), S.692.
[61] IBOs werden auch als Institutional Buy-outs bezeichnet (vgl. Arbeitskreis „Finanzierung" der Schmalenbach-Gesellschaft für Betriebswirtschaft e.V. (2006), S.237); weitere Bezeichnungen sind auch „financial buy-out", „bought deal" oder „financial purchase", vgl. Wright, M., Robbie, K. (1996), S.692.
[62] Vgl. Berg, A. (2005), S.11; ein Beispiel einer Unterteilung in MBO, MBI und LBO findet man bei Frommann, H. (2006), S.1.
[63] Vgl. Berg, A. (2005), S.11.
[64] LBIMBO – Leveraged Buy-in Management Buy-out
[65] Neben den hier vorgestellten Bezeichnungen bestehen auch eine Reihe selten verwendeter Varianten, die zum Teil eine gehörige Portion Humor beinhalten, wie bspw. BAMBI (bloody awful management buy-in). Für einen Überblick, vgl. Temple, P. (1999), S.12f.

2.1.2.3 Formen von Buy-Out Gesellschaften[66]

Der Markt unterscheidet auch verschiedene Formen von Buy-Out Gesellschaften[67]. So existieren offene Buy-Out Fonds bei so genannten „Captives" (abhängigen Gesellschaften) und geschlossene Buy-Out Fonds bei so genannten „Independents" (unabhängigen Fonds)[68].

Bei offenen Fonds handelt es sich um Buy-Out Gesellschaften, die entweder einen industriellen („Corporate Industrial") oder finanziellen („Corporate Financial") Gesellschaftshintergrund und eine enge Beziehung zur Muttergesellschaft haben[69]. Diese stellt ihnen einen Finanzrahmen zur Verfügung, so dass die Buy-Out Gesellschaften kein Fundraising im üblichen Sinne betreiben müssen[70]. Ihre Fonds haben eine unbeschränkte Laufzeit (sind „evergreen")[71].

Im Gegensatz dazu beziehen unabhängige Buy-Out Gesellschaften („Independents") das Kapital für ihre Fonds von einer breiten Masse an Investoren[72]. Independents betreiben Fundraising und ihre Fonds haben die typische beschränkte Laufzeit. Der überwiegende Teil von Buy-Out Gesellschaften sind Independents[73].

Einige der Captives nehmen durch Auflegen von Fonds auch zusätzliches Kapital auf und nehmen dadurch eine hybride Stellung ein. Man spricht hier von „Semi-Captives"[74]. Sie entstehen, wenn Captives nach einigen Jahren Aktivität

---

[66] Jensen führte den Begriff „LBO-Association" 1989 ein (vgl. Jensen (1989a), S.37), den Baker und Montgomery daraufhin adaptierten (vgl. Baker, G.P., Montgomery, C.A. (1994)). Berg änderte die Bezeichnung aufgrund der verschiedenen Buyout-Formen zu dem allgemeinen Begriff der „Buyout Association" bzw. deutsch: Buy-Out-Gesellschaft (Vgl. Berg, A. (2005), S.15).
[67] Vgl. Frommann, H., Dahmann, A. (2003), S.53.
[68] Vgl. Frommann, H., Dahmann, A. (2003), S.53; Wright, M., Robbie,K. (1998), S.528; Berg, A. (2005), S.20.
[69] Vgl. Wright, M., Robbie,K. (1998), S.528.
[70] Vgl. Frommann, H., Dahmann, A. (2003), S.53.
[71] Vgl. Berg, A. (2005), S.20.
[72] Vgl. Frommann, H., Dahmann, A. (2003), S.53; Wright, M., Robbie, K. (1998), S.528.
[73] Vgl. Wright, M., Robbie,K. (1998), S.528.
[74] Vgl. Wright, M., Robbie,K. (1998), S.529.

ihre Fähigkeiten bewiesen haben und die Muttergesellschaft institutionelle und private Kunden zur Co-Investition einlädt[75].

2.1.3 Die Buy-Out Gesellschaft als Kapitalmarktintermediär

Dass Buy-Out Gesellschaften am Kapitalmarkt eine intermediäre Stellung (lateinisch: intermedius – der dazwischenliegende) einnehmen, wurde an anderer Stelle bereits angedeutet[76]. An dieser Stelle soll darauf genauer Bezug genommen werden, indem die Zusammenhänge der drei Hauptakteure, Investoren (2.1.3.1), den Beteiligungsunternehmen (2.1.3.2) und den Buy-Out Gesellschaften selbst als Intermediäre 1.Ordnung (2.1.3.3) dargestellt werden. Dazu gibt es auch eine Reihe Nebendarsteller, auf deren Rolle in einem weiteren Unterabschnitt (2.1.3.4) eingegangen wird. Abbildung 3 gibt einen Überblick über den Buy-Out Markt.

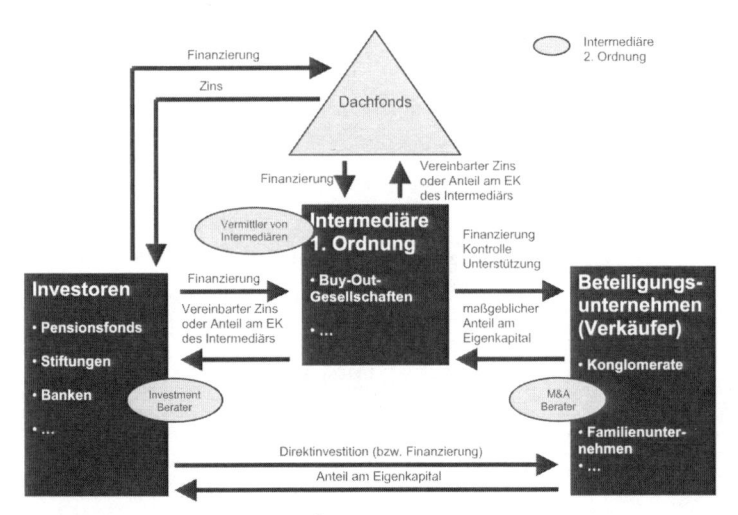

Abbildung 3: Der Buy-Out Markt im Überblick
Quelle: Fenn, G.W., Liang, N., Prowse, S. (1997), S.6; Prowse, S. (1998), S.23; Berg, A., (2005), S.13.

---

[75] Vgl. Bader, H. (1996), S.154.
[76] Vgl. Kapitel 2.1.1

2.1.3.1 Investoren

Investoren zählen Buy-Outs sowie Private Equity allgemein zur Kategorie der Alternativen Anlageinstrumente[77]. Die Gründe für ihr Engagement sind dabei meist rein finanzieller Natur. Besonders die hohen erwarteten Rückflüsse und auch ein verbessertes Risikoprofil ihres Anlageportfolios machen Buy-Outs für eine Reihe von Investorengruppen attraktiv[78]. Zusätzlich versuchen manche Investoren wie Kreditinstitute und Investment-Banken durch die Investition auch Verbundvorteile für andere Finanzdienstleistungen zu erlangen[79]. Auf der anderen Seite sind Beteiligungen in nicht börsennotierte Unternehmen mit einem hohen Ausfallrisiko, geringer Handelbarkeit und geringer Transparenz behaftet, so dass eine höhere Verzinsung ebenso notwendig für das Überleben dieser Anlageklasse ist[80]. Zu den größten Anlegergruppen gehören neben Pensionsfonds und Stiftungen[81] auch Kreditinstitute, Investment-Banken und Versicherungen[82]. Des Weiteren können unter den Investoren vermögende Familien oder Privatpersonen, der Staat, aber auch Unternehmen, die nicht der Finanzbranche angehören (sog. industrielle oder strategische Investoren) ausgemacht werden[83].

Buy-Outs sind eine langfristige Investition und binden das Kapital für einen Zeitraum von drei bis acht Jahren[84]. Daher muss die Finanzstruktur der Investoren Investitionen in risikoreiche, illiquide Anlagen erlauben[85]. Prinzipiell gibt es dann drei Wege einer Private Equity Beteiligung: die direkte Investition in nicht börsennotierte Unternehmen, die indirekte Investition über einen Buy-Out Fonds oder die indirekte Investition über einen Dachfond, der selbst in Buy-

---

[77] Ein Überblick über diese Anlageklasse befindet sich in Anhang 2.
[78] Vgl. Bance, A. (2004), S.5-6; Fenn, G.W., Liang, N., Prowse, S. (1997), S.70.
[79] So genannte „economies of scope", vgl. Fenn, G.W., Liang, N., Prowse, S. (1997), S.70.
[80] Vgl. Frommann, H., Dahmann, A. (2003), S.68.
[81] Der große Anteil der Stiftunden basiert auf der Beteiligung akademischer Institutionen. Diese spielen in Europa zwar nur eine untergeordnete Rolle (vgl. EVCA (2006), S.5) sind jedoch u.a. durch die Privat-Universitäten Harvard, Yale und Princeton in den USA von großer Bedeutung (vgl. Fenn, G.W., Liang, N., Prowse, S. (1997), S.75).
[82] Vgl. Bance, A. (2004), S.4; Fenn, G.W., Liang, N., Prowse, S. (1997), S.8.
[83] Vgl. EVCA (2006a), S.5.
[84] Vgl. Arbeitskreis „Finanzierung" der Schmalenbach-Gesellschaft für Betriebswirtschaft e.V. (2006), S.256.
[85] Vgl. Fenn, G.W., Liang, N., Prowse, S. (1997), S.70.

Out Fonds investiert. Obwohl Investoren lieber direkt in die Unternehmen investieren, würde man dafür mehr Kapital (bei gleichem Risiko), andere Qualifikationen, mehr Ressourcen und andere Bewertungstechniken benötigen[86]. Daher wählen die meisten Investoren den indirekten Weg über Buy-Out Fonds oder Dachfonds[87].

2.1.3.2 Beteiligungsunternehmen (Verkäufer)

Da Private Equity eine der teuersten Formen der Finanzierung darstellt, haben interessierte Unternehmen gewöhnlich Schwierigkeiten, Kapital auf einem anderen Weg (z.B. über Bankkredite) zu beschaffen[88]. Zu den Interessenten zählen zumeist einzelne Sparten oder Tochterunternehmen größerer Konzernmütter, Familienunternehmen, staatlich geführte Unternehmen, welche vor der Privatisierung stehen, sowie konkursbedrohte oder sich in einer finanziellen Notlage befindende Unternehmen[89]. Dazu gehören im Rahmen sogenannter „public-to-private" Transaktionen auch börsennotierte Unternehmen oder Unternehmensteile, deren Börsennotierung im Anschluss an den Buy-Out[90] eingestellt werden soll[91].

Die Teileinheiten größerer Konzerne werden dabei hauptsächlich aufgrund eines mangelnden „strategischen Fits" von ihrem Mutterkonzern abgestoßen[92]. Weitere Auslösefaktoren für die Desinvestition sind finanzielle Aspekte der Konzernmutter, eine mangelnde Performance der Teileinheit oder aber externe Faktoren wie z.B. Markt- oder Wettbewerbsveränderungen[93]. Für Familienunternehmen hingegen können Buy-Outs die Lösung für Probleme der Principal-Agent-Beziehung[94] zwischen Eigentümer und Management darstellen,

---

[86] Vgl. Bance, A. (2004), S.8.
[87] Vgl. Fenn, G.W., Liang, N., Prowse, S. (1997), S.44.
[88] Vgl. ebenda, S.5.
[89] Vgl. Wright, M., Thompson, S., Robbie, K. (1993), S.86.
[90] Man spricht in diesem Zusammenhang auch von einem „Reverse Buy-out" (vgl. Fenn, G.W., Liang, N., Prowse, S. (1997), S.34; Holthausen, R., Larcker, D.F. (1996), S.294).
[91] Vgl. Fenn, G.W., Liang, N., Prowse, S. (1997), S.33.
[92] Vgl. Arbeitskreis „Finanzierung" der Schmalenbach-Gesellschaft für Betriebswirtschaft e.V. (2006), S.243.
[93] Vgl. für einen Überblick über die Gründe eines Konzern-IBOs: ebenda, S.243.
[94] Während das Management (als Agent) im Auftrag der Eigentümer (als Principal) das Unternehmen betreibt, profitieren hauptsächlich die Eigentümer von dieser Arbeit. Die daraus

Grundlagen 17

aber auch das Problem einer Nachfolgeregelung lösen[95]. Unternehmen in finanzieller Not erhoffen sich von einem Buy-Out vor allem eine Steigerung bzw. Wiedererlangung der Profitabilität[96]. Dafür verzichten die bisherigen Eigentümer auf den Großteil des Eigenkapitals zugunsten der Investoren[97], im Gegenzug bringen die Investoren ihre Expertise ein[98].

2.1.3.3 Intermediäre 1.Ordnung

Nur rund 20 Prozent der Investoren wählen den Weg einer Direktinvestition[99]. Die überwiegende Mehrheit bevorzugt den indirekten Weg über einen Intermediär. Der Grund dafür ist das besondere Anforderungsprofil an einen Buy-Out Investor, welches sich von dem Profil eines normalen Investors erheblich unterscheidet[100]. Dennoch versuchen einige große Investoren diese Expertise zu erlangen, indem sie neben ihrer indirekten Beteiligung durch einen Intermediär im Rahmen eines „Co-Investments" zusätzlich noch eine Direktinvestition in das Zielobjekt tätigen[101]. Zukünftig soll der Anteil der direkten Beteiligung der Investoren aber noch weiter zurückgehen und der der indirekten Investitionen weiter ansteigen[102].

Die Intermediäre besitzen fast ausschließlich eine partnerschaftliche Organisationsstruktur, die einen persönlich haftenden Gesellschafter und mehrere begrenzt haftende Gesellschafter vereint und in ihrem Aufbau der deutschen Kommanditgesellschaft stark ähnelt[103]. Diese Organisationsform wird als Buy-Out Gesellschaft bezeichnet. Andere Organisationsformen, wie z.B.

---

entstehenden Konflikte werden unter dem Begriff der „Agency-Theorie" subsumiert, vgl. auch Kapitel 3.5.1.
[95] Vgl. EVCA (2006b).
[96] Vgl. Fenn, G.W., Liang, N., Prowse, S. (1997), S.32.
[97] Vgl. ebenda, S.32.
[98] Vgl. Fenn, G.W., Liang, N., Prowse, S. (1997), S.32; Arbeitskreis „Finanzierung" der Schmalenbach-Gesellschaft für Betriebswirtschaft e.V. (2006), S.252 ff.
[99] Vgl. Jugel, S., Laib, P., Müller-Reichart, M. (2003), S.9.
[100] Vgl. Kapitel 2.1.1
[101] Vgl. Fenn, G.W., Liang, N., Prowse, S. (1997), S.67.
[102] Vgl. Jugel, S., Laib, P., Müller-Reichart, M. (2003), S.9.
[103] Vgl. Jesch, T.A. (2004), S.141.

eine börsennotierte Kapitalgesellschaft, existieren ebenfalls als Intermediär, sind jedoch im Buy-Out Markt nur marginal vertreten[104].

2.1.3.4 Weitere Spieler auf dem Buy-Out Markt

Entscheidet sich ein Investor für eine Beteiligung über einen Intermediär, so kann er entweder in eine Buy-Out Gesellschaft investieren oder aber in einen **Dachfonds**, der selbst in Buy-Out Gesellschaften investiert. Dadurch wird die Auswahl der Beteiligungsunternehmen an den Dachfonds übertragen[105] und eine breitere Streuung der Risiken unter einer Vielzahl von Buy-Out Gesellschaften gewährleistet[106]. Die Möglichkeit eines Totalverlustes ist durch den Dachfonds sogar völlig ausgeschlossen[107]. Der Dachfonds stellt somit für unerfahrene Investoren eine ideale Einstiegsmöglichkeit in die Private Equity Branche dar. Obwohl die Investition über einen Dachfonds relativ teuer ist[108], wird der Anteil von rund 30 Prozent des Investitionsvolumens zukünftig weiter ansteigen[109].

Auch die Bedeutung so genannter „Information Provider"[110], also Beratern und sonstigen Vermittlern von Informationen, hat in letzter Zeit enorm zugenommen. Diese **Intermediäre zweiter Ordnung** profitieren dabei von den inhärenten Informationsproblemen des Buy-Out Marktes, die sowohl auf die Charakteristika der finanzierten Firmen[111] zurückzuführen sind, als auch auf die Tatsache, dass Informationen im relativ neuen Buy-Out Markt ihren Preis haben[112]. So werten Investment-Berater, so genannte „Gatekeeper", die Performance von Intermediären oder einzelnen Buy-Out Transaktionen aus und unterstützen Investoren mit diesen Informationen bei der Auswahl der richtigen

---

[104] Vgl. Fenn, G.W., Liang, N., Prowse, S. (1997), S.7; Bance, A. (2004), S.11.
[105] Vgl. Bance, A. (2004), S.10.
[106] Vgl. Frommann, H., Dahmann, A. (2003), S.52.
[107] Vgl. Weidig, T., Mathonet, P.Y. (2004), S.3.
[108] Vgl. Frommann, H. Dahmann, A. (2003), S.52.
[109] Vgl. Jugel, S., Laib, P., Müller-Reichart, M. (2003), S.9.
[110] Berg, A. (2005), S.15.
[111] Die Eigentümer und das aktuelle Management besitzen einen klaren Informationsvorsprung was den Zustand ihrer Firma anbelangt. Es ist in ihrem Interesse das Positive zu betonen und die Probleme herunterzuspielen. Daher wird eine intensive Sorgfaltsprüfung („Due Diligence") benötigt. Vgl. Fenn, G.W., Liang, N., Prowse, S. (1997), S.44f.
[112] Vgl. Berg, A. (2005), S.15.

Grundlagen 19

Buy-Out Gesellschaft[113]. Des weiteren unterstützen sie die Investoren in den Kauf- bzw. Vertragsverhandlungen. Interessierten Unternehmen hingegen wird von M&A[114]-Beratern geholfen einen geeigneten Buy-Out Sponsor zu finden. Auch Buy-Out Gesellschaften können bei so genannten „Placement Agents", welche sie an Investoren weitervermitteln, Hilfe bei der Kapitalbeschaffung erlangen[115].

2.1.4 Zusammenfassung

Dieser Unterabschnitt lieferte einen allgemeinen Überblick für ein grundlegendes Verständnis von Private Equity. Durch eine ausführliche Definition wurde zunächst das Aufgabengebiet von Beteiligungsgesellschaften verdeutlicht. Die anschließende Klassifikation zeigte auf, dass vor allem Buy-Out Gesellschaften für einen Vergleich in Frage kommen, da sie sich auf Unternehmen konzentrieren, die reif genug sind, um auch diversifizierte Untenehmen zu stützen. Buy-Out Gesellschaften nehmen eine intermediäre Stellung auf dem Kapitalmarkt ein und bilden das Bindeglied zwischen Investoren und Beteiligungsunternehmen. Inwiefern dies auch für diversifizierte Unternehmen zutrifft, soll im folgenden Kapitel dargestellt werden.

2.2 Diversifizierte Unternehmen (Konglomerate)

2.2.1 Definition

Die Mehrheit der heutigen wirtschaftlichen Aktivität wird von Unternehmen erbracht, die mehr als ein Geschäftsfeld bearbeiten[116]. Dabei versteht man unter einem Geschäftsfeld einen Markt oder einen Teil eines Marktes[117]. Insofern umschreibt die angelsächsische Bezeichnung „Multibusiness Firm"[118] diese Unternehmen wohl am besten.

---

[113] Temple, P. (1999), S.59; Fenn, G.W., Liang, N., Prowse, S. (1997), S.83.
[114] M&A – Mergers and Acquisitions (engl.: Fusionen und Übernahmen)
[115] Vgl. Fenn, G.W., Liang, N., Prowse, S. (1997), S.78ff; Jesch, T.A. (2004), S.136f.
[116] Vgl. Gottschalg, O., Meier, D. (2005), S.4.
[117] Vgl. Hungenberg, H. (2004), S.73.
[118] Vgl. Rumelt, R.P. (1974),S.5ff; Hungenberg, H. (2002), S.3.

In der deutschsprachigen Literatur gibt es keine vergleichbare, selbsterklärende Bezeichnung einer „Multi-Geschäftsfeld-Firma". Vielmehr wird die Umschreibung solcher Unternehmen mit dem Begriff der Diversifikation in Verbindung gebracht. Entsprechend dem Wortstamm (ital. diversificare – verändern) kann in diesem Zusammenhang Diversifikation als Veränderung, Ausweitung oder etwa Vielfalt des Leistungsprogramms der Unternehmen verstanden werden[119]. Somit bezeichnet man Multibusiness Firms hierzulande auch als diversifizierte Unternehmen.

Das grundlegende Motiv für die Entstehung diversifizierter Unternehmen arbeitete Penrose in ihrer „Theory of the Growth of the Firm" bereits 1959 heraus[120]. Danach sind Unternehmen Bündel von Ressourcen, welche eventuell durch die aktuellen Aktivitäten nicht vollends beansprucht werden. In solchen Fällen können eben diese nicht genutzten Ressourcen profitabel auf andere Aktivitäten übertragen werden. Unternehmen können also durch eine Ausweitung ihres Leistungsprogramms ihre losen („slack") Ressourcen sinnvoll beanspruchen und zusätzliche Gewinne abschöpfen. Diese Option ist nach Teece besonders reizvoll, wenn man diese Ressourcen am Markt nicht ohne weiteres verkaufen kann[121].

2.2.2 Klassifikation

2.2.2.1 Formen der Diversifikation

Während die frühen Forscher noch zwischen Märkten und Produkten unterschieden[122], hat es sich in der betriebswirtschaftlichen Literatur weitgehend durchgesetzt, hinsichtlich der Verflechtung des Leistungsprogramms eines Unternehmens eine Differenzierung zwischen verwandter („related") und nicht verwandter („unrelated") Diversifikation vorzunehmen[123]. Für die nicht verwandte bzw. unverbundene Diversifikation finden dabei auch die

---

[119] Vgl. Fey, A. (2000), S.7.
[120] Vgl. hier und im folgenden: Penrose, E.T. (1959), S.84ff.
[121] Vgl. Teece, D.J. (1995), S.153ff.
[122] Vgl. Penrose, E.T. (1959), S.110; Ansoff, H.I. (1965), S.132.
[123] Vgl. Schüle, F.M. (1992), S.11-12; Johnson, G., Scholes, K. (1993), S.227-228.

Bezeichnungen „konglomerate" oder „laterale" Diversifikation synonym Verwendung[124]. In Anlehnung dazu werden Unternehmen wie bspw. Siemens, welches u.a. in den Bereichen Medizintechnik, Lichttechnik oder Fahrzeugtechnik[125], also offensichtlich „unverwandten" Bereichen tätig ist, oft auch als **Konglomerate** bezeichnet.

Über das Kriterium der Verwandtschaft hinaus ist die Art der Diversifikation durch das Kriterium der Wertschöpfungsstufe weiter differenzierbar[126]. Diversifiziert ein Unternehmen auf derselben Wertschöpfungsstufe des bisherigen Leistungsprogramms (z.B. Komplementärprodukte), liegt eine horizontale Diversifikation vor. Ist hingegen eine vor- oder nachgelagerte Wertschöpfungsstufe wie z.B. die Rohmaterialbeschaffung oder eine Serviceleistung Gegenstand der Diversifikationsbestrebungen, handelt es sich um eine vertikale Diversifikation.

Obwohl weitestgehend synonym benutzt[127], wird der Begriff der vertikalen Diversifikation gelegentlich vom Begriff der vertikalen Integration abgegrenzt. Als Kriterium dient dabei, dass bei der vertikalen Diversifikation die auf der integrierten Wertschöpfungsstufe erstellten Leistungen nicht für den Eigenbedarf des Unternehmens, sondern ausschließlich für den Markt bestimmt sind[128].

2.2.2.2 Formen diversifizierter Unternehmen

In einem Unternehmen mit mehreren Geschäftsfeldern werden diese meist von eigenständigen organisatorischen Einheiten unterhalb der Unternehmensführung betreut, die Unternehmensbereiche, Divisionen (divisions) oder auch strategische Geschäftseinheiten (SGE) genannt werden[129]. Da diese Unternehmensbereiche Bestandteile eines Unternehmens sind, unterliegen sie grundsätzlich einer einheitlichen Führung, die durch die Unternehmenszentrale

---

[124] Vgl. Bühner, R. (1993), S.299; Steinmann, H., Schreyögg, G. (1997), S.201.
[125] Vgl. Siemens (2006a).
[126] Vgl. hierzu: Johnson, G., Scholes, K. (1993), S.228-229.
[127] Vgl. Bühner, R. (1993), S.36.
[128] Vgl. Steinmann, H., Schreyögg, G. (1997), S.202.
[129] Vgl. Hungenberg, H. (2004), S.515.

ausgeübt wird – also durch die oberste Unternehmensführung und ihre Unterstützungseinheiten[130]. Ganz gemäß Chandlers Aussage „structure follows strategy"[131] hängt die Eingriffstiefe, also die Einflussnahme der Unternehmenszentrale auf die einzelnen Bereiche, von der Geschäftsstruktur ab[132]. Konkret bedeutet dies, je größer die strategischen Gemeinsamkeiten zwischen den Unternehmensbereichen sind[133], desto größer sollte auch die Einflussnahme der Unternehmenszentrale sein[134].

Nach Hungenberg werden entlang der Eingriffstiefe vereinfacht[135] drei (Organisations-)Formen diversifizierter Unternehmen unterschieden[136] (vgl. Abbildung 4).

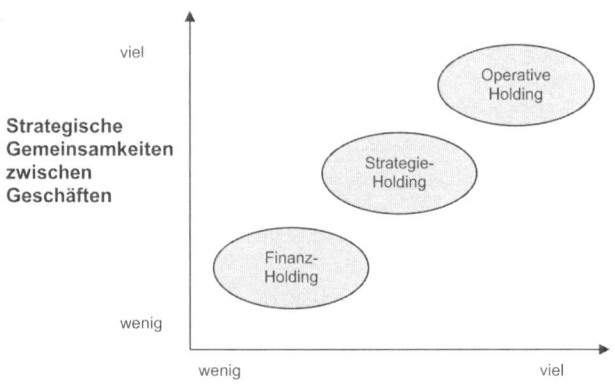

Abbildung 4: Formen diversifizierter Unternehmen
Quelle: Eigene Darstellung, in Anlehnung an Hungenberg, H. (2004), S.519; Mirow, M. (1997), S.649.

---

[130] Vgl. Hungenberg, H. (2004), S.515.
[131] Vgl. Chandler, A. (1962).
[132] Vgl. Mirow, M. (1997), S.649.
[133] D.h. also je „verwandter" die einzelnen Bereiche miteinander sind.
[134] Vgl. Hungenberg, H. (2004), S.526.
[135] Für eine ausführliche Beschreibung unterteilt in Stammhauskonzern, Management-Holding und Finanz-Holding vgl. Hahn, D., Bleicher, K. (2006), S.316ff.
[136] Vgl. hier und im folgenden Hungenberg, H. (2004), S.518f.

Bei einer **Finanz-Holding** nimmt die Unternehmenszentrale am wenigsten Einfluss auf die Unternehmensbereiche. Sie überlässt diesen die operative Führung und beeinflusst auch deren strategische Führung nur mittelbar – nicht aber inhaltlich – durch die Vorgabe von finanziellen Zielgrößen sowie durch die Besetzung der obersten Führungspositionen der Unternehmensbereiche.

Bei einer **Strategie-Holding**[137] übernimmt die Zentrale die Aufgaben der strategischen Führung zu einem großen Teil selbst. Dies geschieht immer unter Mitwirkung der Unternehmensbereiche, die weiterhin die volle Kontrolle der operativen Führung besitzen.

Bei einer **Operativen Holding** übt die Zentrale den stärksten Einfluss auf die Unternehmensbereiche aus. Dieser bezieht sich nicht nur auf die strategische Führung, sondern erstreckt sich auch auf die Vorgabe von Detailzielen oder das Fällen von Einzelentscheidungen, die bis in den Bereich der operativen Führung reichen.

Im weiteren Verlauf der Arbeit sollen allgemein Konglomerate, also Unternehmen, die in mehr als einem Geschäft tätig sind, untersucht werden, gleich ob sie nun als Finanz-, Strategie- oder Operative Holding organisiert sind. Existieren in einem untersuchten Kriterium Unterschiede zwischen den Organisationsformen, wird darauf explizit eingegangen.

2.2.3 Das Konzept des Parenting Advantage

Die Unternehmenszentrale rechtfertigt ihre Existenz nicht nur durch ihr bloßes „Eigentum" an den Unternehmensbereichen, sondern durch nachhaltig positive Wertbeiträge zu deren Wertsteigerung[138]. Anderenfalls könnten die einzelnen Bereiche auch unabhängig von der Zentrale existieren und müssten nicht für deren Kosten aufkommen. Der Nutzen der Unternehmenszentrale muss daher deren Kosten übersteigen, damit das Ganze mehr wert ist, als die Summe seiner Teile[139].

---

[137] Auch unter dem Begriff Management Holding bekannt, vgl. Hahn, D., Bleicher, K. S.317; Bühner, R. (1991), S.141ff.
[138] Vgl. Hahn, D. (2006c), S.232.
[139] Vgl. Hungenberg, H. (2004), S.376.

An diesem Punkt setzt das Konzept des Parenting Advantage nach Goold/Campbell/Alexander an[140]. Danach ist zunächst notwendiges Ziel der Zentrale, den Wert der Gesamtunternehmung über die Summe der „stand alone" Werte aller Geschäftseinheiten hinaus zu vermehren. Hinreichendes Ziel muss aber sein, diesen Mehrwert – den Wertbeitrag der Zentrale – zu maximieren. Nur wenn dieser Wertbeitrag höher ist als der von dritten, alternativen „Parents", dann spricht man von einem „Parenting Advantage".

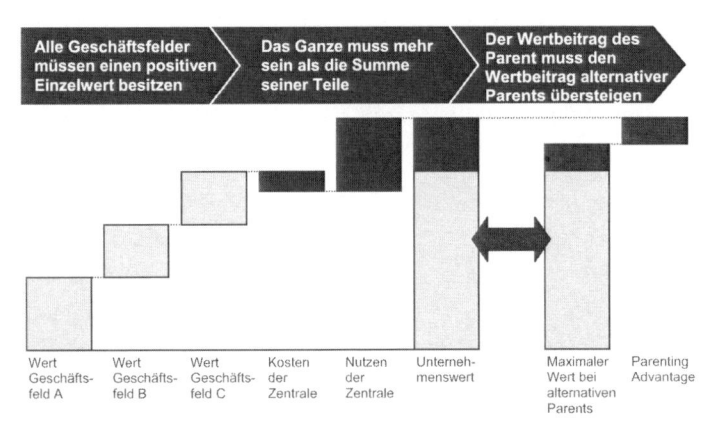

Abbildung 5: Konzept des Parenting Advantage
Quelle: Hungenberg, H. (2004), S.377.

Folglich sind die wesentlichen Aussagen dieses Konzeptes zum einen, dass auf die Unternehmenszentrale verzichtet werden kann, wenn sie keinen zusätzlichen Wert schafft und zum anderen, dass die Unternehmenszentrale austauschbar ist. Sie nimmt am Kapitalmarkt eine intermediäre Stellung zwischen ihren Geschäftseinheiten und Investoren ein. Somit befindet sie sich nicht nur im Wettbewerb mit alternativen Parents, also Zentralen anderer Unternehmungen, sondern auch im Wettbewerb mit anderen Kapitalmarktintermediären, also Investment Trusts, Mutual Funds – und Buy-Out Gesellschaften[141].

---

[140] Vgl. hier und im Folgenden Goold, M., Campbell, A., Alexander, M. (1995), S.120-122, Hahn, D. (2006c), S.232-233.
[141] Vgl. Kapitel 2.1.3

2.2.4 Zusammenfassung

In diesem Unterabschnitt wurden diversifizierte Unternehmen kurz definiert und anhand der Form ihrer Zentralen klassifiziert. Das Konzept des Parenting Advantage zeigte auf, das Unternehmenszentralen auch als Kapitalmarktintermediäre betrachtet werden können und gleichzeitig direkte Konkurrenten zu Buy-Out Gesellschaften darstellen.

Die folgende Situationsanalyse soll als Ersatz für eine umfangreiche Marktstudie dienen und die Notwendigkeit eines Vergleiches unter strategischen Gesichtspunkten aufweisen.

2.3 Situationsanalyse

Auf die im vorherigen Abschnitt angedeutete Konkurrenzsituation soll im Folgenden etwas näher eingegangen werden. Da eine vollständige Branchenanalyse im Sinne Porters[142] den Rahmen dieser Arbeit sprengen würde, erfolgt an dieser Stelle eine kurz gehaltene Situationsanalyse. Diese erfolgt mit einem ebenfalls knapp gehaltenen historischen Abriss, da die Situationsanalyse evtl. weit verbreitete Ansichten in Frage stellt.

Die Entwicklung der diversifizierten Großunternehmen ist auf die bereits dargestellte Theorie von Penrose zurückzuführen[143]. Ihre Hochzeit erlebten diese Konglomerate in den 50iger und 60iger Jahren des vergangenen Jahrhunderts. Heute besitzen sie jedoch einen schlechten Ruf. Sie gelten als „Dinosaurier", Fossile vergangener Zeiten[144]. Analysten und Investmentbanken sind sich weitgehend einig, dass ihre Zeit vorbei ist. Wo es um Schnelligkeit, Flexibilität und Innovationskraft geht, seien sie viel zu schwerfällig. Die Abneigung gegenüber Konglomeraten äußert sich dabei nicht nur in Fokussierungsempfehlungen und Dinosaurier-Karikaturen, sondern auch in einem pauschalen Wertabschlag, den sog. „Conglomerate Discount", der zwischen 15 bis 30 Prozent liegt[145]. Historisch betrachtet entwickelte sich dieser

---

[142] Vgl. Porter, M.E. (1998), S.3ff.
[143] Vgl. Kapitel 2.2.1
[144] Vgl. hier und im Folgenden Heuskel, D. (1999), S.135.
[145] Vgl. Mirow, M. (2000), S.3.

„Conglomerate Discount" als die Investoren nach und nach den Überblick über all die verschiedenen Geschäfte verloren und vermuteten, dass es den Managern der Unternehmen nicht viel anders erging. Wissenschaftliche Untersuchungen stützten darüber hinaus diese These[146]. Die fehlende Transparenz und die damit verbundene Fehlsteuerung von Investitionen in Wert vernichtende Aktivitäten sind heute der wesentliche Hauptgrund für den anhaltenden Ruf nach Fokussierung und Zerschlagung von Konglomeraten[147]. Dennoch gibt es bis heute auch erfolgreich diversifizierte Unternehmen. So stieg bspw. der Aktienkurs von United Technologies, deren Portfolio über Fahrstühle, Heizungen, Gasturbinen bis hin zu Hubschraubern reicht, im vergangenen Jahr um 30,4%, während der Vergleichsindex S&P500[148] im selben Zeitraum nur um 12,8% anstieg[149]. Textron, um ein weiteres Beispiel zu nennen, vertreten in Überwachungstechnologie, Golf-Fahrzeugen, Glasfaserverbindungen, Flugzeugen sowie Finanzdienstleistungen steigerte seinen Kurs im letzten Jahr ebenso um 28,8%[150]. Neben diesen Beispielen erforschte Shulman in seiner Studie über Konglomerate, dass es unter diversifizierten Unternehmen durchaus solche gibt, die Wert schaffen. Diese sog. „Premium Konglomerate"[151] zeichnen sich dabei durch stetig anhaltendes Wachstum aus[152]. Des Weiteren stoßen einige Unternehmen durch ihre starke Fokussierung inzwischen an Wachstumsgrenzen, so dass Beratungsfirmen wie die Boston Consulting Group (BCG) durchaus wieder Gefallen an einer Mischkonzern Strategie finden[153]. Auch Roland Berger propagiert einen 5-stufigen Filtermechanismus zur erfolgreichen Diversifikation als neuen Weg zum Wachstum[154]. Darüber hinaus verursacht ein verändertes Marktverständnis ein Phänomen namens „Business Migration", womit der Eintritt von

---

[146] Vgl. Berger, P, Ofek, E. (1995), S.39ff.
[147] Vgl. Heuskel, D. (1999), S.136.
[148] S&P – Standard & Poor's
[149] Vgl. o.V. (2006b).
[150] Vgl. o.V. (2006a).
[151] Für einen Überblick über die Zusammensetzung des Konglomerate Index der Boston Consulting Group, Vgl. BCG (2004), S.41.
[152] Vgl. Shulman, L. (1999), S.1ff.
[153] Vgl. Gillies, C. (2006).
[154] Vgl. v. Daniels, H., Seeliger, C.W. (2006), S.24.

Grundlagen 27

Unternehmen über traditionelle Branchen- und Produktgrenzen hinweg in neue Geschäftsfelder gemeint ist[155]. Zwar vertritt kaum ein Berater ein klares Pro oder Contra zur Diversifizierung, doch zumindest wird sie als Strategiealternative nicht mehr von vornherein ausgeschlossen[156].

Ein weiterer Grund für den schlechten Ruf von Konglomerate ist die Existenz von Buy-Out Gesellschaften, deren Erfolgsgeschichte natürlich negativ auf traditionelle diversifizierte Unternehmen zurückfällt. Die ersten Buy-Outs gehen in die 1970iger Jahre zurück, doch Popularität erreichten sie vor allem im darauf folgenden Jahrzehnt als sog. „Corporate Raiders". Diese neuartige Gesellschaftsform zerlegte in einer Art Schumpeter'schen Musterprozess[157] alte, traditionsreiche Konglomerate wie bspw. Beatrice, ITT oder AMF in ihre Einzelteile, welche sie anschließend mit extrem großen Gewinnen wieder verkauften. Diese Erfolgsgeschichten ließen schnell weitere Spieler auf dem Markt erscheinen, so dass der Private Equity Markt mit seinem Hauptsegment, den Buy-Outs sich sprunghaft ausdehnte und zu einem etablierten Markt entwickelte. Bis heute sind Buy-Outs so erfolgreich, dass die durchschnittliche Rendite diejenige an öffentlichen Märkten übersteigt. Doch dies bedeutet noch lange nicht, dass auch alle Buy-Out Gesellschaften profitabel sind. Im Gegenteil, laut Berg deckten zahlreiche Branchenstudien auf, dass der Großteil der Erträge nur von dem oberen Quartil der Buy-Out Fonds erwirtschaftet wird[158]. Während diese Fonds den Vergleichsindex um Längen schlagen, kämpfen die übrigen 75% diese Marke zu erreichen oder wirtschaften sogar mit Verlust. Darüber hinaus existiert durch extrem betriebenes Fundraising ein Überschuss an Kapital. Dieser sog. „Capital Overhang"[159] führt in aller Regel zu

---

[155] Vgl. Heuskel, D. (1999), S.3ff.
[156] Vgl. Gillies, C. (2006).
[157] Gemeint ist Schumpeters volkswirtschaftliche Theorie der "schöpferischen Zerstörung" durch Innovationen. Sie besagt, dass durch Innovationen ältere Technologien ersetzt werden. Dadurch entfallen zwar Arbeitsplätze innerhalb der alten Technologien, die Innovationen bieten jedoch neue Möglichkeiten, schaffen zusätzliches Wachstum und neue Arbeitsplätze. Bspw. wurden zu Stummfilmzeiten Kinofilme immer von Pianospielern begleitet. Mit Einführung des Tonfilms fielen diese Arbeitsplätze zwar weg, doch wurden dadurch auch neue, viel mehr Arbeitsplätze geschaffen. Vgl. ausführlich Schumpeter, J.A. (1964), S.2ff.
[158] Vgl. Berg, A. (2005), S.41.
[159] Vgl. Smith, P. (2006).

einem Abdriften vom eigentlichen Aufgabengebiet der Buy-Out Gesellschaften hin zu anderen „Rendite-versprechenden" Anlagen, wie die Minderheitsbeteiligung von Blackstone an der Deutschen Telekom[160] beispielsweise zeigt. Diese Art der Beteiligung wird üblicherweise nur von der benachbarten Anlageklasse, den Hedgefonds durchgeführt, was zu zusätzlicher Kritik an den Buy-Out Fonds führt. Da das Anlegen in Hedgefonds bei weitem nicht so teuer ist, wie ein Private Equity Investment, geraten auch Buy-Out Gesellschaften zunehmend in die Kritik der Finanzmärkte[161].

Es kann jedoch festgehalten werden, dass es sowohl erfolgreiche Buy-Out Gesellschaften als auch erfolgreiche Konglomerate gibt. Für beide scheinen sich die Marktaussichten zu ähneln. Beide Organisationsformen verfügen über ein breit gestreutes Portfolio und beiden gelingt es dabei, profitabel zu wirtschaften. Ob sie jedoch als alternative Parents einander ersetzen können, muss erst ein fundierter Vergleich unter strategischen Gesichtspunkten aufweisen.

---

[160] Vgl. FT.com (2006).
[161] Vgl. Smiddy, O., Elliott, D. (2006).

3 Vergleich von Buy-Out Gesellschaften und Konglomeraten

3.1 Analyserahmen und weiteres Vorgehen

Die Analyseeinheit „Business Model" oder der deutsche Begriff Geschäftsmodell ist in seiner Verwendung unter Akademikern genauso wie unter Praktikern aufgrund seiner breiten intuitiven Bedeutung sehr beliebt. Obwohl er sich als Standardbegriff unter Managern etabliert hat, wird er nur selten definiert[162], so dass keine allgemein gültige Definition für ein Geschäftsmodell existiert[163]. Vielmehr wird der Begriff oft vorschnell und ungenau benutzt[164], so dass seine Verwendung auch unter anerkannten Wissenschaftlern nicht unumstritten ist. Aufgrund des inkonsistenten Gebrauchs in verschiedenen Kontexten[165] und der mangelhaften Abgrenzung zu anderen Begriffen wie „Strategie" oder „Wettbewerbsvorteil"[166] nennt Porter „the definition of a business model is murky at best. Most often it seems to refer to a loose conception of how a company does business and generates revenue."[167] In Anhang 3 sind beispielhaft einige Definitionen von Geschäftsmodellen aufgeführt. Einerseits verdeutlichen sie, dass in der Tat keine einheitliche Definition existiert und andererseits scheint auch keine dieser Definitionen für einen Vergleich, wie er erfolgen soll, geeignet zu sein. Um ein strukturiertes Vorgehen zu gewährleisten, wird deshalb an dieser Stelle ein geeigneter Analyserahmen definiert.

Nach Rumelt/Schendel/Teece müssen Unternehmen Entscheidungen treffen, wenn sie am Markt überleben möchten[168]. Zu den wichtigsten strategischen

---

[162] Vgl. Chesbrough, H.W., Rosenbloom, R.S. (2002), S.532.
[163] Vgl. Chen, S. (2003), S.27.
[164] Vgl. Tapscott, D. (2001), S.37; Magretta, J. (2001), S.86.
[165] Vgl. Amit, R., Zott, C. (2001), S.515; Tapscott, D. (2001), S.37.
[166] Vgl. Porter, M.E. (2001), S.73; Stähler, P. (2001), S. 49.
[167] Porter, M.E. (2001), S.73.
[168] Vgl. Rumelt, R.P., Schendel, S., Teece, D.J. (1991), S.6.

Entscheidungen gehört dabei die Auswahl der Ziele[169]. Auch Porter schließt die Analyse zukünftiger Ziele in seine Analyse der Wettbewerber mit ein[170]. Daher beginnt der Vergleich mit der Betrachtung der Ziele von Buy-Out Gesellschaften und diversifizierten Unternehmen.

Das nächste Kapitel wendet sich dem Portfoliomanagement zu. Grundgedanke ist hierbei, dass sich das gesamte Tätigkeitsfeld einer Unternehmung als ein Portfolio so genannter strategischer Geschäftsfelder darstellen lässt[171]. Dies gilt insbesondere für die Zentralen diversifizierter Unternehmen und Buy-Out Gesellschaften in ihrer Rolle als Kapitalmarktintermediär[172]. Es werden Veränderungen des Portfolios im Rahmen von Akquisitionen und Desinvestitionen sowie Kooperationen als deren „Mischform"[173] untersucht.

Hungenberg unterteilt seinen Analyserahmen in die „Objekte des strategischen Managements"[174]: Strategien, Strukturen und Systeme. Während die Strategien, die er mit langfristigen Geschäftszielen und der Positionierung in den Märkten umschreibt[175], durch die vorherigen Kapitel bereits abgedeckt sind, müssen Strukturen und Systeme bis hierhin noch untersucht werden.

Im Rahmen der Strukturen, die grundlegende Regelungen beinhalten[176], soll einerseits auf die Eigentumsverhältnisse, den „Equity Ownership", und die dazugehörige Kapitalstruktur eingegangen werden. Des Weiteren wird auch die Organisationsstruktur beider Wettbewerber genauer betrachtet.

Im Rahmen der Analyse der Systeme werden jene Instrumente verglichen, die benötigt werden, um das Unternehmen zu führen. Im Wesentlichen handelt es sich dabei um solche Systeme, die das Verhalten und die Motivation der Mitarbeiter beeinflussen sollen (Management-Anreizsysteme) bzw. das

---

[169] Vgl.ebenda.
[170] Vgl. Porter, M.E. (1998), S.48.
[171] Vgl. Hahn, D. (2006c), S.215.
[172] Vgl. ausführlich Kapitel 2.
[173] Vgl. Villalonga, B., McGahan, A.M. (2001), S.1; Hungenberg, H. (2004), S.488.
[174] Hungenberg, H. (2004), S.7ff.
[175] Vgl. Hungenberg, H. (2004), S.8
[176] Vgl. ebenda.

Management mit notwendigen Informationen ausstatten (Management-Informationssysteme)[177].

Darüber hinaus soll zur Berücksichtigung der Forschungsrichtung des „Resource Based View"[178] auch die Ressourcenbasis einem Vergleich unterzogen werden. Hierbei werden materielle und immaterielle Ressourcen berücksichtigt.

Das gesamte Kapitel schließt mit einer Zusammenfassung der Gemeinsamkeiten und Unterschiede von Buy-Out Gesellschaften und diversifizierten Unternehmen.

3.2 Ziele und allgemeines Geschäftsmodell

Wie alle Unternehmungen haben auch Buy-Out Gesellschaften das Ziel, am Markt zu überleben und zu wachsen[179]. Jedoch muss die Zielsetzung für Buy-Out Gesellschaften nach Berg differenzierter betrachtet werden – zum einen auf der Ebene der Buy-Out Fonds und andererseits auf der Ebene der Buy-Out Firma, also den Partnern, die Anteile an eben diesen Fonds besitzen[180].

Auf Ebene der Buy-Out Fonds ist die Zielsetzung eindeutig: Hier ist es erstrebenswert, den größtmöglichen Gewinn zu erwirtschaften, um so sowohl die Erwartungen der Investoren als auch die eigenen Erwartungen, also die der Buy-Out Firma zu erfüllen[181]. Dies folgt aus der Tatsache, dass die Lebensdauer der meisten Buy-Out Fonds begrenzt ist und sie nach Ablauf der Vertragslaufzeit mitsamt den von ihnen betreuten Portfoliounternehmen liquidiert werden müssen[182].

Hingegen ist die Lebensdauer der Buy-Out Firma, also Gesellschaften wie bspw. KKR, Permira oder Apax Partners, nicht begrenzt. Dies bedeutet, sie müssen sich in periodischen Abständen komplett rekapitalisieren, indem sie neues Kapital beschaffen, d.h. Fundraising betreiben. Für sie beginnt an dieser

---

[177] Vgl. Hungenberg, H. (2004), S.9.
[178] Bedeutendste Vertreter sind neben der Matriarchin Penrose u.a. Wernerfelt, Barney, Hamel und Prahalad.
[179] Vgl. Van der Heijden, K. (1996), S.xii; Hahn, D. (2006a), S.6.
[180] Vgl. Berg, A. (2005), S.50.
[181] Vgl. ebenda.
[182] Vgl. Sahlman, W.A. (1990), S.490; Baker, G.P., Montgomery, C.A. (1994), S.9.

Stelle der Private Equity Cycle, bzw. hier wieder speziell der Buy-Out Cycle von vorn[183]. Um eine fortwährend operierende Organisation zu schaffen und als Wirtschaftseinheit zu überleben muss also ihr primäres Ziel sein, diesen Kreislauf fortzusetzen[184] oder, um es mit Bergs Worten zu sagen, „*to keep the buyout cycle alive*"[185].

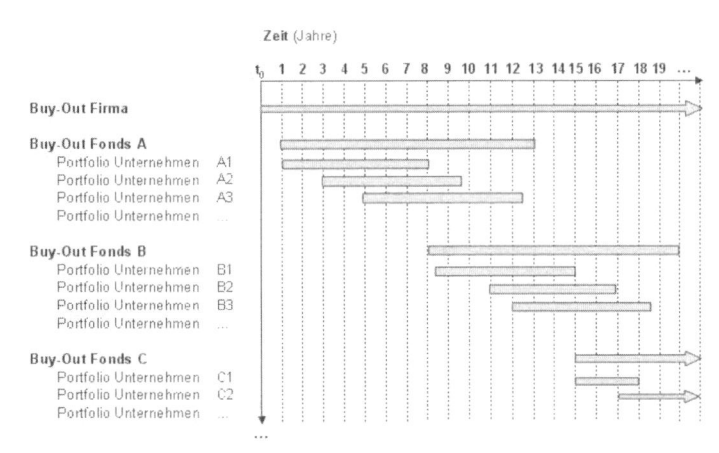

Abbildung 6: Lebensdauer der Bestandteile einer Buy-Out Gesellschaft
Quelle: Berg, A. (2005), S.19.

Wie in Abbildung 6 ersichtlich stellen sie sich dieser Herausforderung, indem sie bevor die Laufzeit eines Buy-Out Fonds endet, bereits einen neuen Fonds auflegen und mit diesem weitere Investitionen tätigen[186]. Dadurch erneuern sie den Kreislauf alle 3 bis 5 Jahre und managen zu beinah jedem Zeitpunkt mehrere sich überlappende Fonds[187]. Wichtig ist aber, dass von vornherein die Absicht besteht, die Portfoliounternehmen wieder zu verkaufen[188]. Diesen wird damit im Rahmen der Beteiligung nur eine *kurz-* bis *mittelfristige* Perspektive

---

[183] Vgl. Kapitel 2.1.1
[184] Vgl. Gompers, P.A. (1996), S.134.
[185] Berg, A. (2005), S.50.
[186] Vgl. Sahlman, W.A. (1990), S.488; Fenn, G.W., Liang, N., Prowse, S. (1997), S.46.
[187] Vgl. Sahlman, W.A. (1990), S.517; Baker, G.P., Montgomery, C.A. (1994), S.9; Fenn, G.W., Liang, N., Prowse, S. (1997), S.46.
[188] Vgl. Kapitel 2.1.1

im Portfolio der Buy-Out Gesellschaft geboten. Eine längerfristige Perspektive ist in einem solchen Modell auch nicht möglich, da spätestens bei Liquidierung der Fonds der Exit erfolgen muss[189].

Diversifizierte Unternehmen stehen im Gegensatz zu den Buy-Out Gesellschaften nicht vor der Herausforderung, etwa einen Kreislauf wie den Buy-Out Cycle fortzusetzen, da sie mit langfristigem Kapital bei Unternehmensgründung ausgestattet wurden[190]. Dieses Kapital stammt von den Eigentümern, so dass der Zweck eines Unternehmens vorrangig darin gesehen wird, Wert für eben diese Eigentümer („Shareholder") zu schaffen[191]. Dementsprechend ist das Ziel diversifizierter Unternehmen, den Geschäftswert bzw. den *Shareholder Value* zu maximieren.

Da diversifizierte Unternehmen nicht wie Buy-Out Gesellschaften genötigt sind, ihr Kapital regelmäßig an die Investoren auszuzahlen, kann den Portfoliounternehmen eine langfristige Perspektive geboten werden. Entscheidend hierbei ist allerdings, dass eine Beteiligung bzw. Akquisition eines Unternehmens nicht von vornherein mit der Absicht eingegangen wird, dies wieder zu verkaufen. Daher kann nicht nur eine langfristige Perspektive geboten werden, es ist sogar Absicht, vom *langfristigen* Wachstum des Bereiches zu profitieren[192].

Zusammenfassend unterscheiden sich die Ziele beider Organisationsformen bzgl. der Perspektive, die sie den Portfoliounternehmen bieten. Greift man in diesem Zusammenhang noch einmal die Idee des Parenting Advantage auf, so kann man das für Buy-Out Gesellschaften wohl am besten mit Temple's Worten ausdrücken: „It might be compared to a child eventually growing up and leaving the parental home, having learnt to be independent"[193].

Interessant ist an dieser Stelle, dass es ebenso erste Beteiligungsgesellschaften gibt, die sich an Unternehmen durch die Bereitstellung einer *langfristigen*

---

[189] Vgl. Berg, A. (2005), S.19.
[190] Vgl. Berg, A. (2005), S.27.
[191] Im Rahmen dieser Arbeit wird der Shareholder-Ansatz gegenüber dem in der wissenschaftlichen Literatur ebenfalls verbreiteten Stakeholder-Ansatz bevorzugt. Für eine Diskussion der beiden Ansätze vergleiche bspw. Hungenberg, H. (2004), S.29ff.
[192] Vgl. Hahn, D. (2006a), S.8ff.
[193] Temple, P. (1999), S.100.

Perspektive beteiligen. So legt bspw. die Gesco AG ihre Investitionen langfristig an, erwirtschaftet ihre Rendite aus den laufenden Erträgen und verfolgt keine auf den späteren Verkauf der Beteiligungen zielende Exit-Strategie[194].

3.3 Portfolio-Management

3.3.1 Akquisitionen

In engem Zusammenhang mit den Zielen tätigen sowohl Buy-Out Gesellschaften als auch diversifizierte Unternehmen Akquisitionen, d.h. sie erwerben Unternehmen. Die **Gründe** für diesen Unternehmenserwerb liegen für Buy-Out Gesellschaften auf der Hand. Sie müssen das ihnen anvertraute Kapital in Beteiligungsunternehmen investieren, um den *Buy-Out Kreislauf* am Leben zu erhalten. Diversifizierte Unternehmen hingegen können den Shareholder Value auch durch organisches Wachstum maximieren, d.h. sie müssen nicht unbedingt andere Unternehmen erwerben. Dafür, dass dies dennoch im Sinne der Shareholder Value Maximierung ist, werden in der Literatur zahlreiche Gründe genannt, die hier grob unter dem *Erhalt der Wettbewerbsfähigkeit*, der *Reaktion auf Veränderungen* und *ineffizienten Kapitalmärkten* subsumiert werden[195].

Ein weiterer interessanter Anhaltspunkt ist die **Art der Akquisitionen**. Dazu kann zunächst gesagt werden, dass Buy-Out Gesellschaften aufgrund ihres strukturellen Aufbaus[196] im Gegensatz zu Konglomeraten *nur zu einer freundlichen Übernahme* fähig sind[197]. Ein börsennotierter Buy-Out Fonds

---

[194] Vgl. Gesco (2006).
[195] Zum Erhalt der Wettbewerbsfähigkeit zählen eine größere Marktmacht, Synergien oder „economies of scope", die Reduktion von Transaktions- und Informationskosten oder auch Abwehrverhalten. Die Reaktion auf Veränderungen beinhaltet Zugang zu Märkten oder Technologien und regulatorische Gesichtspunkte. Ineffiziente Kapitalmärkte zeichnen sich aus durch das Ego des Managements, der Kreation interner Kapitalmärkte, Corporate Hedging oder dem Ersetzen ineffizienten Managements. Vgl. dazu ausführlich Cantwell, J., Santangelo, G.D. (2002), S.402ff.
[196] Vgl. Kapitel 3.4.1
[197] Vgl. Trefgarne, G. (2006).

verspricht hier mehr Flexibilität[198]. Da die meisten Buy-Outs aber mit dem aktuellen Management im Rahmen eines MBO[199] weitergeführt werden sollen, ist diese Option weniger von Belang.

Obwohl sich die meisten Buy-Out Gesellschaften in ihren Basiskriterien für Übernahmekandidaten ähneln (reife Branchen, stabile Cash Flows, geringes Betriebsrisiko), haben sich manche von ihren direkten Konkurrenten durch eine Spezialisierung differenziert[200]. Solche Spezialisierungen betreffen bspw. Unternehmensgröße, geographische Lage, Branche oder eine Grenze des akzeptierbaren technologischen Risikos des Übernahmekandidaten[201]. Dennoch werden Buy-Outs als „Prototyp" der *unverwandten* **Diversifikation** angesehen[202]. In der Tat konstatieren Baker und Montgomery, dass Buy-Out Gesellschaften in ihrer Akquisitionsstrategie nur geringe Präferenzen bezüglich der Branche besitzen. Wenn eine Branche im Portfolio breiter vertreten ist, dann ist es meist die Folge des sog. „Deal Flows". Dieser entsteht, wenn die Buy-Out Gesellschaft durch erfolgreich ausgeführte Beteiligungen in einer Branche eine Reputation aufgebaut hat und so weitere Branchenteilnehmer Interesse an einem Buy-Out entwickeln[203].

Eine Ausnahme davon bildet eine sog. „*Buy-and-Build*"-Strategie[204]. In diesem Fall investieren Buy-Out Gesellschaften in einen Buy-Out in einem fragmentierten und/oder kleinen Markt, so dass eine Art Ausgangsplattform oder Kern geschaffen wird. Dieser Kern wird mit Kapital und Know How ausgestattet, um so weitere, *verwandte* Akquisitionen in diesem Marktsegment durchzuführen. Ziel ist es, eine dominante Marktposition zu erreichen und Skaleneffekte („economies of scale") auszunutzen. Des Weiteren kann so auch eine Mindestgröße erreicht werden, um einerseits attraktiv für strategische Investoren zu werden oder andererseits einen Börsengang durchzuführen[205].

---

[198] Vgl. ebenda;
[199] Vgl. Kapitel 2.1.2.2.
[200] Vgl. Loos, N. (2005), S.13.
[201] Vgl. Loos, N. (2005), S.13-14.
[202] Vgl. Berg, A., Gottschalg, O. (2003), S.3; Berg, A. (2005), S.19.
[203] Vgl. Baker, G.P., Montgomery, C.A. (1994), S.7.
[204] Vgl. hier und im Folgenden, Berg, A., Gottschalg, O. (2003), S.24.
[205] Vgl. Loos, N. (2005), S.14.

Die konglomerate Struktur diversifizierter Unternehmen ist zumeist historisch bedingt[206]. Dabei ging die Diversifikation oftmals von verschiedenen „Kerngeschäften" aus, die wenig oder gar nichts miteinander zu tun hatten[207]. Auf dieser Grundlage werden meist zusätzliche Unternehmen akquiriert, die entweder ein bereits existierendes Kerngeschäft ergänzen (und damit eine verwandte Diversifikation darstellen) oder (durch eine unverwandte Diversifikation) ein neues Kerngeschäft in die Organisation einbringen[208]. Shulman fand in seiner Untersuchung sog. „Premium Konglomerate"[209] heraus, dass diese sich durch Akquisitionen eher auf existierende Geschäfte fokussieren, als dass sie in völlig neue Bereiche investieren[210]. Heuskel hingegen merkte an, dass bei Konglomeraten im Zeitverlauf Phasen der Fokussierung und Diversifizierung einander abwechseln. Sie sind „atmende Unternehmen", die sich aus der Erweiterung und Reduzierung des Portfolios immer wieder erneuern[211]. Somit tätigen sie sowohl *verwandte* als auch *unverwandte* Akquisitionen.

Diese Erneuerung bedingt gleichzeitig eine kontinuierliche Prüfung des Portfolios. Daraus ergibt sich der aktive **strategische Umgang** mit den unterschiedlichen Geschäftätigkeiten des Unternehmens. Die besten Konglomerate zeichnen sich dadurch aus, dass sie immer wieder (also *regelmäßig*) neue Verbindungen eingehen und *aktiv* auf der Suche nach Partnern und möglichen Akquisitionen sind[212].

Im Vergleich dazu tätigen Buy-Out Gesellschaften ebenfalls *regelmäßig* Akquisitionen. Um den Buy-Out Kreislauf fortzuführen legen sie alle 3 bis 5 Jahre einen neuen Fonds auf, welchen sie in die Akquisition neuer Beteiligungsunternehmen investieren[213]. Auf der Suche nach möglichen

---

[206] Vgl. Kapitel 2.2.1
[207] Vgl. Baker, G.P., Montgomery, C.A. (1994), S.6.
[208] Vgl. Baker, G.P., Montgomery, C.A. (1994), S.6-7.
[209] Diese definierte er dadurch, dass sie in seiner Untersuchung des Indexes Standard & Poors 500 diesen nachhaltig übertrafen, vgl. Shulman, L. (1999), S. 4.
[210] Vgl. Shulman, L. (1999), S. 7.
[211] Vgl. Heuskel, D. (1999), S. 144.
[212] Vgl. Heuskel, D. (1999), S. 142-143.
[213] Vgl. Kapitel 3.2

Übernahmekandidaten hingegen versuchen Buy-Out Gesellschaften traditionsgemäß durch Transaktionen in bestimmten Branchen eine gewisse Bekanntheit zu erlangen. Dieser *reaktive* Ansatz beruht auf der Hoffnung, dass potentielle Portfoliounternehmen oder ihre Berater sich bei Interesse an eben diese Buy-Out Gesellschaft wenden[214]. Doch durch den zunehmenden Wettbewerb und die Erfahrung aller Beteiligten sind Auktionen inzwischen der übliche Weg einer Veräußerung[215], so dass auch Buy-Out Gesellschaften überwiegend *aktiv* auf die Übernahmekandidaten zugehen müssen[216]. Unterstellt man, dass diversifizierte Unternehmen ihnen angetragene Übernahmekandidaten ebenso überprüfen, unterscheiden sich beide Organisationsformen in diesem Punkt nicht.

3.3.2 Desinvestitionen

Untersucht man die **Gründe** für Desinvestitionen, also den Verkauf von Unternehmen, von Buy-Out Gesellschaften einerseits und diversifizierten Unternehmen auf der anderen Seite, so liegen sie für erstgenannte erneut auf der Hand. Buy-Out Gesellschaften *realisieren ihren Gewinn* durch den Verkauf der Portfoliounternehmen, an welchen sie beteiligt sind[217]. Des Weiteren erfolgt dies auch im Einklang mit ihrem Hauptziel, den Buy-Out Kreislauf fortzuführen. Investoren beurteilen Buy-Out Gesellschaften hauptsächlich anhand ihres „*Track-Records*", also der Liste bisher geführter Investitionen[218]. Je aussagekräftiger dieser Track-Record ist, also je mehr erfolgreiche Buy-Outs von einer Firma durchgeführt wurden, umso zuversichtlicher sind Investoren bei der Vergabe neuen Kapitals[219]. Das Fundraising als Bestandteil des Buy-Out Kreislaufs hängt also direkt von der Vorgängerstufe, dem Exit ab.

Für diversifizierte Unternehmen hingegen spielen eine ganze Reihe von Auslösefaktoren bei der Entscheidung zur Desinvestition eine Rolle. Um den

---

[214] Vgl. Kraft, V. (2001), S.328.
[215] Vgl. Arbeitskreis „Finanzierung" der Schmalenbach-Gesellschaft für Betriebswirtschaft e.V. (2006), S.249; Kraft, V. (2001), S. 329.
[216] Vgl. Berg, A. (2005), S.99.
[217] Vgl. Kapitel 2.1.1
[218] Vgl. Temple, P. (1999), S. 100.
[219] Vgl. Temple, P. (1999), S. 100; Bader, H. (1996), S.116; Berg, A. (2005), S.42.

Vergleich übersichtlich zu gestalten, seien hier vereinfachend *interne Faktoren* auf Unternehmens- und auf Teileinheitsebene sowie *externe Faktoren* genannt. Herausgehoben sei jedoch, dass Teileinheiten im Zuge des anhaltenden Fokussierungstrends hauptsächlich aufgrund des mangelnden „strategischen Fits" vom Mutterkonzern abgestoßen werden[220].

Neben dem unvorteilhaften Konkursverfahren gibt es für Buy-Out Gesellschaften prinzipiell drei **Arten des Ausstiegs** aus einer Beteiligung. Dazu gehören zum einen der *Börsengang* des Portfoliounternehmens („Initial Public Offering" oder auch IPO), weiterhin der Verkauf an einen *strategischen Investor* („Trade Sale") sowie die Veräußerung an eine weitere *Buy-Out Gesellschaft* („Secondary Sale")[221].

Analog dazu haben auch diversifizierte Unternehmen die Möglichkeit, Teileinheiten an eine *Buy-Out Gesellschaft* im Rahmen eines Buy-Outs oder an einen *strategischen Investor* durch einen sog. „Sell-Off" abzugeben. Beim Desinvestitionskanal Börse kann man hingegen etwas genauer zwischen Ausgründungen („*Spin-Offs*") und Abspaltungen („*Carve-Outs*") unterscheiden. Beide Begriffe kennzeichnen neue, unabhängige Unternehmen, welche von einer Muttergesellschaft abgestoßen wurden. Im Unterschied zu Spin-Offs werden bei Carve-Outs die neuen Aktien am Kapitalmarkt emittiert und nicht an die Aktionäre der Muttergesellschaft verteilt[222].

Hinsichtlich des **strategischen Umgangs** mit Desinvestitionen bestehen aufgrund der unterschiedlichen Voraussetzungen beider Gesellschaftstypen wiederum Unterschiede. So sind Buy-Out Gesellschaften spätestens mit Ablauf der Fondslaufzeit *regelmäßig* dazu gezwungen, ihre Beteiligung an den Portfoliounternehmen aufzugeben[223]. Da der richtige Zeitpunkt des Exits

---

[220] Interne Faktoren auf Unternehmensebene sind eine strategische Neuausrichtung, Liquiditätsbedarf, Refokussierung, eine Aufwertung am Kapitalmarkt, Finanzierungsprobleme oder eine verbesserte Kapitalallokation. Interne Faktoren auf Teileinheitsebene sind eine mangelnde Performance, Investitions- oder Umstrukturierungsbedarf. Zu externen Faktoren zählen Auflagen des Wettbewerbsrechts, ein Übernahmeangebot Dritter oder auch Markt- und Wettbewerbsveränderungen. Vgl. vertiefend Arbeitskreis „Finanzierung" der Schmalenbach-Gesellschaft für Betriebswirtschaft e.V. (2006), S.243.
[221] Vgl. Fenn, G.W., Liang, N., Prowse, S. (1997), S.56; Temple, P. (1999), S. 103-113.
[222] Vgl. Brealey, R.A., Myers, S.C. (2003), S.968-972.
[223] Vgl. Sahlman, W.A. (1990), S. 490; Gompers, P.A., Lerner, J. (1999), S.159.

entscheidend für den Erfolg des Buy-Outs ist[224], macht sie diese beschränkte Fondslaufzeit in einem gewissen Maße *unflexibel*. Eine Lösung stellen die eigentlich nur bei Captives vertretenen „*Evergreen Fonds*" dar[225], welcher sich zunehmend auch Independents wie bspw. die Auctus Management GmbH bedienen[226]. Durch Evergreen Fonds mit unbeschränkter Laufzeit sind Buy-Out Gesellschaften nicht mehr gezwungen, die Beteiligung zum Laufzeitende aufzugeben und können den Zeitpunkt des Exits *flexibel* wählen.

Im Gegensatz dazu sind diversifizierte Unternehmen nicht verpflichtet das Eigenkapital an ihre Shareholder auszuzahlen[227]. Dadurch sind sie nicht beschränkt in der Wahl des Zeitpunktes der Desinvestition und können diesen *flexibel* festlegen. Doch hinsichtlich der Anzahl tatsächlich getätigter Desinvestitionen fanden Baker und Montgomery heraus, dass Konglomerate, wenn überhaupt nur unregelmäßig Unternehmensteile abstoßen[228]. Im Gegensatz dazu stellte Shulman fest, dass es erfolgreichen Konglomeraten regelmäßig gelingt, sich durch aktives Portfoliomanagement von wertvernichtenden Unternehmensteilen zu trennen[229]. Auch Heuskel kam zu diesem Ergebnis, doch gestand er ein, dass die Trennung von bestehenden Geschäften eine äußerst schwierige Aufgabe darstellt. So tendiert die Rechnungslegung dazu, herausragende Geschäftszahlen auszuweisen, des Weiteren hängt eine Menge Herzblut an den erfolgreich aufgebauten Geschäften und auch die Manager genießen viel Sympathie und erwarten Loyalität von der Zentrale[230]. Somit erfolgen Desinvestitionen von Geschäften in diversifizierten Unternehmen nur *bedingt regelmäßig*.

Es soll an dieser Stelle jedoch nicht unerwähnt bleiben, dass im Zuge des Trends der Fokussierung auf Kernkompetenzen (der oft und gern mit der Fokussierung auf das Kerngeschäft verwechselt wird[231]) und des anhaltenden

---

[224] Vgl. Temple, P. (1999), S.101.
[225] Vgl. Kapitel 2.1.2.3
[226] Vgl. Auctus (2006).
[227] Vgl. Baker, G.P., Montgomery, C.A. (1994), S.16.
[228] Vgl. Baker, G.P., Montgomery, C.A. (1994), S.9.
[229] Vgl. Shulman, L. (1999), S.5.
[230] Vgl. Heuskel, D. (1999), S.143.
[231] Vgl. für eine vertiefende Diskussion bspw. Friedrich, S.A. (2000), S.128f.

Drucks der Finanzmärkte[232], sich viele Unternehmen entschließen, ihre konglomerate Struktur *ganz aufzugeben.* So konzentriert sich beispielsweise der französische Konzern Fimalac nach dem Verkauf seiner Heimwerkersparte Facom Tools Anfang 2006 ausschließlich auf den Finanzdienstleistungssektor[233], obwohl er als Mischkonzern die vorherigen 10 Jahre überaus erfolgreich war[234].

3.3.3 Kooperationen & Partnerschaften

Sowohl Buy-Out Gesellschaften als auch diversifizierte Unternehmen besitzen die Möglichkeit, als strategische Alternative zu allein durchgeführten Akquisitionen und Desinvestitionen Partnerschaften einzugehen. Die **Motive** für die Kooperation sind dabei immer auch mit der **Art der Partnerschaft**, also den jeweils beteiligten Parteien verbunden. Grundsätzlich gilt aber für beide Organisationsformen, dass eine Kooperation bessere *Risikostreuung*, erhöhte *Finanzkraft* und verbundenes *Know How* bedeutet[235].

Buy-Out Gesellschaften kooperieren regelmäßig im Zuge sog. „*Club Deals*" oder „*Consortium Deals*" indem sie einen gemeinsamen Fonds auflegen[236]. Dadurch können so große Transaktionen („Mega Deals") wie das eingangs beschriebene Beispiel von Kohlberg Kravis Roberts (KKR), Bain Capital und Merrill Lynch getätigt werden[237]. Des Weiteren kann durch eine solche Partnerschaft auch das gegenseitige Überbieten in Auktionen vermieden werden, da nun nur der sog. „Lead Investor", also die Gesellschaft mit dem größten Kapitalanteil, im Namen des Fonds Gebote abgibt[238]. Darüber hinaus verbessern sich auf diesem Weg auch die Chancen für zukünftige Investitionen. Lädt man eine Gesellschaft zur Partizipation an einem Buy-Out ein, so ist es

---

[232] Diese erteilen diversifizierten Konglomeraten pauschal einen Wertabschlag, den sog. „Conglomerate Discount" von 15-30%, vgl. Heuskel, D. (1999), S.135; Mirow, M. (2000), S.327.
[233] Vgl. Fimalac (2006).
[234] Vgl. Gottschalg, O., Meier, D. (2005), S.5.
[235] Vgl. Schmoll, G.A. (2001), S.13f; Berg, A. (2005), S.105.
[236] Vgl. Clow, R. (2002); Clow, R., Smith, P. (2002).
[237] Vgl. Kapitel 1.1
[238] Vgl. Wright, M., Locket, A. (2003), Seite 2073.

wahrscheinlich, dass diese den Gefallen in naher Zukunft erwidert und diesmal selbst zur Kooperation einlädt[239].

Eine weitere Möglichkeit stellt aus Sicht der Buy-Out Gesellschaften die Kooperation mit einem strategischen Investor, welcher durchaus auch ein diversifiziertes Unternehmen sein kann, dar. Hierbei kann entweder ein *gemeinsamer Buy-Out geplant* werden oder aber die beiden Partner kooperieren *im Rahmen des Buy-Outs*, d.h. das veräußernde Unternehmen behält Anteile an der verkauften Teileinheit.

Ein gemeinsam geplanter Buy-Out beruht auf der Idee, dass die Beteiligungsgesellschaft das benötigte Eigenkapital und das finanzielle Know How mit der Branchenexpertise und dem Management Know How des strategischen Investors verbindet. Meistens weist das Zielobjekt interessante Verwandtschaft zu Unternehmensbereichen des strategischen Investors auf, so dass oft auch schon zu Beginn der Investition der Exit, also die endgültige Übernahme durch den Investor, festgelegt wird[240].

Im Rahmen eines Buy-Outs ist es auch nicht ungewöhnlich, dass das verkaufende Unternehmen Anteile der veräußerten Teileinheit behält. So behielt bspw. Siemens bei dem Verkauf der früheren Atecs Mannesmann an KKR 19 Prozent der Anteile[241]. Dadurch erlangt die Beteiligungsgesellschaft besseren Zugang zu Informationen, da auch das verkaufende Unternehmen am Erfolg des Buy-Outs interessiert ist. Dieses wiederum partizipiert direkt an eben jenem Erfolg[242].

Auch diversifizierte Unternehmen können mit ihresgleichen bzw. mit anderen strategischen Investoren Partnerschaften eingehen. Als Kooperationsform können sie dabei aus einem Kontinuum zwischen den Extremformen „Markt" (also Desinvestition) und „Hierarchie" (Akquisition) wählen[243]. Hungenberg unterteilt dieses Kontinuum in die vier Grundtypen (angefangen vom Markt): *vertragslose Zusammenarbeiten, vertragliche Zusammenarbeiten,*

---

[239] Vgl. Fenn, G.W., Liang, N., Prowse, S. (1997), S.50.
[240] Vgl. Berg, A. (2005), S.106.
[241] Vgl. Heise (2002).
[242] Vgl. Berg, A. (2005), S.106.
[243] Vgl. Villalonga, B., McGahan, A.M. (2001), S.1.

Kapitalbeteiligungen und *Joint Ventures*. Darüber hinaus existieren auch sog. *strategische Allianzen* von Wettbewerbern innerhalb einer Branche[244]. Entlang des beschriebenen Kontinuums nimmt ebenso die beabsichtigte **Dauer der Partnerschaft** von *kurz- bis mittelfristig* beim Markt bis *langfristig* bei der Hierarchie immer mehr zu. Während also Buy-Out Gesellschaften Partnerschaften immer nur in Verbindung mit einem Buy-Out eingehen (also *kurz- bis mittelfristig*), können diversifizierte Unternehmen aus einem breiten Spektrum von Alternativen wählen, das auch die Kooperation mit Beteiligungsgesellschaften einschließt.

3.4 Analyse der Strukturen

3.4.1 Rechtsform, Eigentumsverhältnisse & Kapitalstruktur

Während der Analyse der Ziele wurde zwischen den Zielen auf Ebene der Buy-Out Fonds und auf Ebene der Buy-Out Firma unterschieden, so dass in diesem Zusammenhang die einzelnen **Bestandteile** einer Buy-Out Gesellschaft bereits ersichtlich wurden[245]. In ihrer einfachsten Form besteht sie aus einer *Firma*, einem *Fonds* und einem *Portfoliounternehmen* (vgl. Abbildung 7). Größere Buy-Out Gesellschaften werden durch eine Buy-Out Firma gemanagt, die die Kontrolle über bis zu 5 Buy-Out Fonds besitzt, welche wiederum jeweils an 10 bis 15 Portfolio-Unternehmen beteiligt sind[246]. Diversifizierte Unternehmen benutzen ihrerseits nicht dieses Fondskonzept und halten ihre Beteiligungen direkt mit dem ihnen zur Verfügung stehenden Kapital (vgl. Abbildung 8). Während der Wahl der **Rechtsform** sind verschiedene Dinge zu beachten: die Haftung der Gesellschafter, Gewinn- bzw. Verlustteilung, Mitsprache-, Informations- und Kontrollrechte, Veräußerbarkeit und Vererblichkeit der Anteile und die steuerliche Behandlung von Gewinnen und Verlusten. Bei den Buy-Out Fonds handelt es sich im deutschsprachigen Raum im Ergebnis meist

---

[244] Vgl. Hungenberg, H. (2004), S.489f.
[245] Vgl. Kapitel 3.2
[246] Vgl. Berg, A. (2005), S.16.

um eine Vermögensverwaltende GmbH & Co. KG[247]. Dabei sind die Kommanditisten[248] die Investoren, die Buy-Out Firma als GmbH[249] und Komplementär[250] fungiert als geschäftsführender Gesellschafter und übernimmt das Fonds-Management[251].

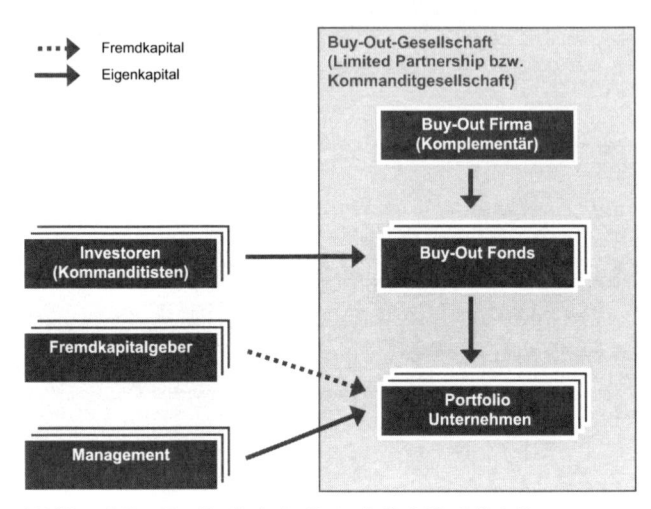

Abbildung 7: Buy-Out Gesellschaft – Bestandteile & Kapitalbeteiligungen
Quelle: Eigene Darstellung, in Anlehnung an Berg, A. (2005), S.16; Jensen, M.C. (1989c), S.15; Jensen, M.C. (1989b), S.69.

Im angelsächsischen Raum ist der überwiegende Teil der Fonds als *Limited Partnership* (L.P.) organisiert[252], der mit der deutschen *Kommanditgesellschaft* vergleichbar ist[253]. Auch die Buy-Out Firma ist in einem Partnership zusammengeschlossen, um dem Erfordernis einer Zustimmung der Limited Partner (Kommanditisten, also hier: Investoren) bei der Aufnahme neuer

---

[247] Vgl. ausführlich dazu Jesch, T.A. (2004), S.144ff.
[248] Ein Kommanditist ist ein beschränkt haftender Gesellschafter.
[249] Neben der dominanten GmbH sind natürlich auch andere Gesellschaftsformen wie AG oder KG möglich, für einen Überblick gewählter Rechtsformen vgl. BVK (2006b).
[250] Der Komplementär ist der unbeschränkt haftende Gesellschafter.
[251] Vgl. Jesch, T.A. (2004), S.141.
[252] Vgl. Berg, A. (2005), S.15.
[253] Vgl. dazu bspw. Sahlman, W.A. (1990), S.487ff.

General Partner (Komplementäre) gemäß den Regelungen des ULPA[254] zu entgehen[255]. Unabhängig vom Sprachraum kann somit festgehalten werden, dass Buy-Out Fonds hauptsächlich als *Personengesellschaft* (KG, LP, GmbH & Co. KG) organisiert sind und ihre Gesellschafter selbst auswählen können. Diversifizierte Großunternehmen sind hingegen zumeist als *Kapitalgesellschaft* organisiert, d.h. an Stelle der Gesellschafter haftet das Kapital der Unternehmung. Im deutschen Recht beinhaltet dies die GmbH (, so bspw. gewählt von der Franz Haniel & Cie. GmbH) sowie die börsennotierte Aktiengesellschaft (wie bspw. RWE AG).

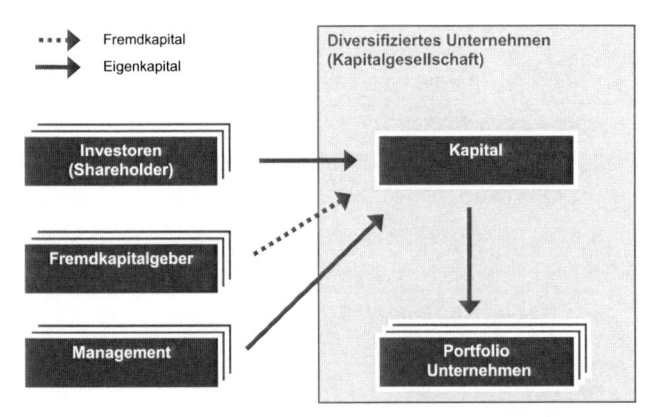

Abbildung 8: Diversifiziertes Unternehmen – Bestandteile & Kapitalbeteiligungen
Quelle: Eigene Darstellung, in Anlehnung an Jensen, M.C. (1989a), S.38; Jensen, M.C. (1989c), S.15.

Die Anteile einer Aktiengesellschaft werden an der Börse gehandelt, so dass sie durch ein *breites Publikum* von Anlegern erworben werden können. Bei einer Personengesellschaft sind Anteile nicht erwerbbar, man muss sich daher als Gesellschafter beteiligen. Dies ist auch eine Erklärung für die Tatsache, dass die **Rolle der Investoren** bei Buy-Out Gesellschaften nur von *größeren*

---

[254] ULPA – Uniform Limited Partnership Act
[255] Vgl. Jesch, T.A. (2004), S.141.

Vergleich von Buy-Out Gesellschaften und Konglomeraten 45

Institutionen und *wohlhabenden Individuen* ausgefüllt wird[256]. Eine weitere Erklärung dafür sind rechtliche Zugangsbeschränkungen. Zwar existieren davon in Deutschland nur moderate im Bereich der Pensionsfonds und Versicherungsunternehmen, doch muss man in Amerika ein „Accredited Investor" sein, um in Private Equity allgemein investieren zu können[257]. Die Investoren tragen zwischen 95 und 99 Prozent der Kapitalanteile eines Buy-Out Fonds[258], welcher wie erwähnt als Blind Pool strukturiert wird[259]. Das Kapital wird dem Fonds zugestanden („Committed Capital"), aber nur im Falle einer Investition in Anspruch genommen („Invested Capital")[260]. Dieses Zugeständnis umfasst eine begrenzte Menge an Kapital und ist auch wie bereits des Öfteren erwähnt in seiner **Dauer** *auf 10 bis 12 Jahre beschränkt*[261]. Eine Ausnahme dazu stellen die ebenso erwähnten Evergreen Fonds dar, deren Laufzeit unbeschränkt ist[262]. All dies wird in einem *Gesellschaftsvertrag*, dem so genannten „Partnership Agreement"[263] festgehalten, der darüber hinaus auch strikte Regelungen zu den Aktivitäten[264] und zu der Vergütung der Buy-Out Firma enthält[265]. Diese Partnership Agreements werden nur sehr selten neu verhandelt[266], wodurch es zu recht starren Reglements kommt und auch zur bereits angesprochenen Beschränkung auf freundliche Übernahmen[267]. Für die

---

[256] Vgl. Kapitel 2.1.3.1
[257] Die amerikanische Aufsichtsbehörde Securities and Exchange Commission (SEC) schuf im Jahr 1982 das Konstrukt des „Accredited Investor", also den anerkannten Investors, zur Erleichterung des Fundraisings für Private Equity Gesellschaften. Danach müssen bspw. Privatpersonen über ein Mindest-Jahreseinkommen von $200.000 oder ein Nettovermögen von einer Million Dollar verfügen, vgl. ausführlich Jesch, T.A. (2004), S.138.
[258] Vgl. Bance, A. (2004), S.12.
[259] D.h. die Investoren wissen nicht, in welche Portfoliounternehmen das Kapital investiert wird, vgl. Kapitel 2.1.1
[260] Vgl. Berg, A. (2005), S.17.
[261] Vgl. Schühsler, H. (1999), S.54.
[262] Vgl. Kapitel 3.3.2
[263] Vgl. Gompers, P.A., Lerner, J. (1999), S.29.
[264] Zu diesen Regelungen gehören bspw. die Größe der Investition in ein Portfoliounternehmen, Restriktionen zum Gebrauch von Fremdkapital, Restriktionen zur Alleinstellung des Fonds, Restriktionen für persönliche Investments der Komplementäre, den Verkauf von Gesellschaftsanteilen des Komplementärs, das Fundraising, das Hinzufügen neuer Partner, öffentl. Aktivitäten usw., vgl. Berg, A. (2005), S.17.
[265] Für einen detaillierten Überblick über die Ausgestaltung eines solchen Gesellschaftsvertrages vgl. Gompers, P.A., Lerner, J (1999), S.29-55 oder auch Jesch, T.A. (2004), S.144-156.
[266] Vgl. Gompers, P.A., Lerner, J (2001), S.154.
[267] Vgl. Kapitel 3.3.1;Trefgarne, G. (2006); Fenn, G.W., Liang, N., Prowse, S. (1997), S. 66.

Aufnahme neuen Kapitals muss die Buy-Out Gesellschaft daher einen neuen Fonds auflegen, wodurch ebenfalls Kosten entstehen, die sie insgesamt sehr *unflexibel* machen. Hingegen können Aktiengesellschaften durch die Ausgabe neuer Anteile im Rahmen einer Kapitalerhöhung *dauerhaft* und im Verhältnis auch recht *flexibel* neues Kapital aufnehmen. Für die einzelnen **Portfoliounternehmen** wird dabei nur in seltenen Fällen Eigenkapital ausgewiesen, vor allem, weil Geschäftswerte nach strategischen Geschäftseinheiten ermittelt werden müssen, die nur selten mit gesellschaftsrechtlich definierten Einheiten in Übereinstimmung zu bringen sind. Daher muss die Unternehmensleitung für solche Einheiten eine *Eigenkapitalausstattung festlegen*[268]. Mit der Festlegung einer Eigenkapitalquote für einzelne Bereiche ist es jedoch nicht getan. Die Unternehmensleitung muss auch entscheiden, ob sie den Bereichen dieses ihnen einmal zugeteilte Eigenkapital im Rahmen der Gewinnverwendung durch Ausschüttung (wieder) entzieht oder durch Thesaurierung die Möglichkeit der Bewirtschaftung überlässt[269]. In Unternehmen mit der Struktur einer Finanzholding wird das letztere im Allgemeinen der Fall sein. Anderenfalls kann auch über eine fiktive Ergebnisabführung jedes Jahr erneut eine Eigenkapitalquote nach bestimmten Spielregeln festgelegt werden.

Es kann also festgehalten werden, dass ein sog. *interner Kapitalmarkt* besteht[270]. Freies Kapital kann ertragreichen Bereichen entzogen werden und wachstumsträchtige Bereiche unterstützen, ohne dass Fremdkapitalkosten getragen werden müssen. Das Management und die Koordination dieses Kapitalmarktes wird oft auch eigens dafür ausgesonderten Teilbereichen überlassen (bspw. GE Commercial Finance, Siemens Financial Services). Shulman fand heraus, dass erfolgreiche Konglomerate regelmäßig diejenigen Teilbereichen mit Kapital unterstützen, die hohe Renditen erwirtschaften, während sie ungleichmäßig und schlecht wirtschaftenden Teileinheiten eher

---

[268] Vgl. Mirow, M. (1994), S.103.
[269] Vgl. Mirow, M. (1994), S.104.
[270] Vgl. Brealey, R.A., Myers, S.C. (2003), S.975.

Kapital entziehen[271]. Damit scheinen sie die sog. „Underperformer" zu wirtschaftlicherem Handeln zwingen zu wollen.

Der Zinssatz für die Aufnahme von Fremdkapital richtet sich neben dem allgemeinen Zinsniveau auch nach der Bonität eines Unternehmens. Da große finanzkräftige Konzerne über eine bessere Bonität verfügen als deren Teileinheiten wird Fremdkapital in *moderaten Mengen* auf Ebene der Gesamtunternehmung aufgenommen. Somit richten sich auch die **Ansprüche der Fremdkapitalgeber** gegen das Gesamtunternehmen.

Die Akquisition eines Portfoliounternehmens durch eine Buy-Out Gesellschaft wird mit Hilfe eines sog. Investmentvehikels durchgeführt[272], das sich aus steuerlichen und rechtlichen Gründen für jeden Buy-Out anders gestaltet[273]. Damit ist auch jedes einzelne Portfoliounternehmen *rechtlich und finanziell völlig unabhängig* von seinen Artgenossen[274]. Die Ansprüche der Fremdkapitalgeber richten sich somit *direkt* an das jeweilige Portfoliounternehmen. Darüber hinaus sind so auch die Risiken der einzelnen Portfoliounternehmen voll getrennt, d.h. der Konkurs einer Teileinheit zieht andere nicht in Mitleidenschaft.

Zur Ausnutzung des sog. „Leverage Effekts"[275] benutzen Buy-Out Fonds zur Finanzierung einen *großen Anteil Fremdkapital*, den sie anschließend auf das erworbene Unternehmen übertragen[276]. Ein *„empfindlicher" Teil des Eigenkapitals* wird dabei von dem **Management** getragen, welches im Anschluss an den Buy-Out das Portfoliounternehmen leiten soll. Dieser Anteil wird als empfindlich bezeichnet, da der einzelne Manager zwar nicht bankrott sein dürfte, wenn die Firma eben jenes Schicksal ereilt, es ihn persönlich jedoch sehr schmerzen würde[277]. Entscheidend ist hierbei jedoch, dass durch dieses

---

[271] Vgl. Shulman, L. (1999), S.6.
[272] Vgl. Berg, A. (2005), S.19.
[273] Für ein Praxisbeispiel (LBO der Friedrich Grohe AG), vgl. Kussmaul, H., Pfirmann, A., Tcherveniachki, V. (2005), S. 2534ff.
[274] Vgl. Baker, G.P., Montgomery, C.A. (1994), S.20.
[275] Also zur Erhöhung der Eigenkapitalrendite durch die Aufnahme von Fremdkapital, vgl. bspw. Brealey, R.A., Myers, S.C. (2003), S.227ff.
[276] Vgl. Jensen, M.C. (1989c), S.17.
[277] Vgl. Temple, P. (1999), S.7.

Investmentvehikel das Budget für das einzelne Portfoliounternehmen strikt vorgegeben ist. Werden Cash-Flow oder Profitmargen nicht erreicht und können so die Ansprüche der Gläubiger nicht bedient werden, können diese das Konkursverfahren der jeweiligen Teileinheit einleiten. Die Aufgabe der „Disziplinierung" der einzelnen Portfoliounternehmen übernimmt in diesem Fall also der enorme Anteil Fremdkapital. Da ein existenzieller Teil des persönlichen Kapitals des Managements in diesem Portfoliounternehmen steckt, hat es darüber hinaus auch einen enorm hohen Anreiz, die vorgegebenen Ziele zu erreichen und den Konkurs zu vermeiden. Zwar hält das Management auch bei diversifizierten Unternehmen Anteile in Form von Aktien, doch ist diese Beteiligung eher „*lose*" zu sehen, da diese zum einen veräußerbar sind und keine existenzielle Bedrohung darstellen[278].

Prinzipiell sind diese für Buy-Out Gesellschaften beschriebenen Rahmenbedingungen in diversifizierten Unternehmen zu vergleichbar geringen Kosten neu verhandelbar. Dadurch, dass Unternehmenszentralen mit ihrem internen Kapitalmarkt nicht durch solch strikte Verträge gebunden sind, so argumentieren Baker und Montgomery, sind Konglomerate flexibler und eine Änderung der strategischen Richtung wird erleichtert. Erkennt ein Unternehmensbereich eine alternative Strategie, durch die zwar kurzfristige Ziele nicht eingehalten werden können, die jedoch langfristig größeres Wachstum verspricht, so kann er diese Strategie verfolgen, ohne ein enormes Vertragswerk mit externen Fremdkapitalgebern neu zu verhandeln[279]. Dies ermöglicht einen *ganzheitlichen Ansatz* in Bezug auf die Wertsteigerung. Auf der anderen Seite zwingen die Finanzmärkte jedoch Aktiengesellschaften, in jedem Quartal Zahlen auszuweisen, die auf eine bessere Performance hindeuten. Dies müssen Buy-Out Gesellschaften aufgrund ihrer Struktur nicht. Sie messen ihren Erfolg anhand der periodenübergreifenden „Internal Rate of Return" (IRR), die erst mit dem Exit, also dem Verkauf des Unternehmens Rückschlüsse auf die Profitabilität zulässt.

---

[278] Vgl. vertiefend Kapitel 3.5.1
[279] Vgl Baker, G.P., Montgomery, C.A. (1994), S.24.

Letztendlich unterscheiden sich Buy-Out Gesellschaften und diversifizierte Unternehmen strukturell hauptsächlich hinsichtlich ihrer Natur, ob öffentlich oder nicht (es sei erinnert: *Private* Equity). Interessant ist an dieser Stelle wiederum, dass es auch Abweichungen vom dargestellten Buy-Out-Fonds-Konzept gibt. So ist bspw. das Private Equity Haus 3i an der britischen FTSE100[280] notiert und auch KKR haben einen Fonds an der niederländischen Euronext platziert[281]. Die dadurch erreichten Vorteile (erhöhte Flexibilität, da leichtere Kapitalaufnahme durch breiteres Publikum und Möglichkeit zur feindlichen Übernahme[282]) inspirierte auch weitere Beteiligungsgesellschaften wie Blackstone oder Carlyle zu Überlegungen, börsennotierte Fonds aufzulegen[283].

3.4.2 Organisationsstruktur

Sowohl die Organisationsstruktur von Buy-Out Gesellschaften als auch die der diversifizierter Unternehmen reflektiert die Art und Weise, in der beide Organisationsformen ihre Akquisitionen tätigen. Abbildung 9 zeigt ein vereinfachtes Organigramm einer diversifizierten Unternehmung.

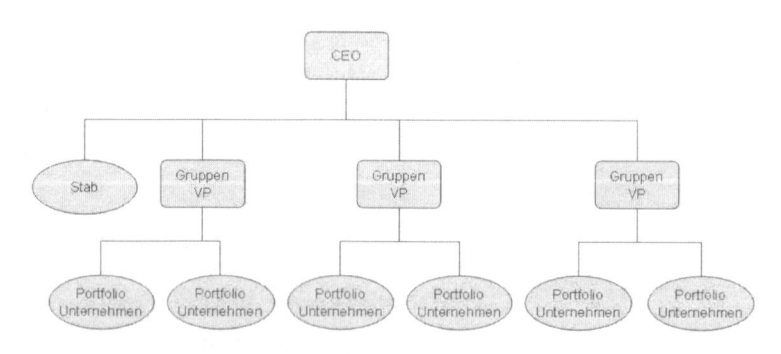

Abbildung 9: Organisationsstruktur diversifizierter Unternehmen
Quelle: Baker, G.P, Montgomery, C.A. (1994), S.33.

---

[280] FTSE – Financial Times Stock Exchange (Britische Aktienbörse)
[281] Vgl. Gault, L. (2006).
[282] Vgl. Trefgarne, G. (2006).
[283] Vgl. Gault, L. (2006).

Baker und Montgomery fanden in ihrer Studie über Buy-Out Gesellschaften und Konglomerate heraus, dass die meisten diversifizierten Unternehmen eine zusätzliche Managementebene zwischen der Unternehmenszentrale und der Leitung der einzelnen Portfoliounternehmen besitzen[284]. Durch diese Unterteilung werden die Teileinheiten entlang weit gefasster Industriezweige gruppiert, was hauptsächlich auf die konglomerate Struktur der Unternehmen zurückzuführen ist.

Die „Group Vice Presidents"[285] als Organe dieser Managementebene stehen in enger Verbindung zu den Leitern der Portfoliounternehmen und tragen die Verantwortung für die Leistung der gesamten Gruppe. Somit wird durch diese **Hierarchie**stufe eine Art *Mini-Konglomerat* geschaffen. Die Group VPs bestimmen das Budget der einzelnen Teileinheiten und versuchen (zu einem bestimmten Grad) Synergien zwischen den ihnen unterstellten Unternehmen auszunutzen. Ihre Hauptfunktion besteht jedoch in der Reduzierung der Informationsflut, die auf den CEO eintreffen würde, wenn alle Teileinheiten einzeln Bericht erstatteten.

Darüber hinaus haben die von Baker und Montgomery untersuchten Konglomerate auch alle eine Stabstelle auf dieser Managementebene. Stets gehörte dabei die steuerliche Buchhaltung, die Rechnungslegung sowie die Öffentlichkeitsarbeit zu den Aufgaben dieses Stabes. Weitere Funktionen umfassten hauptsächlich leitende sowie überwachende Tätigkeiten, die jedoch in ihrem Ausmaß weitläufig variierten.

Mit ihnen variierte ebenso die **Größe** der Unternehmenszentrale. Bühner konstatierte, dass die Beziehung zwischen Diversifikationsstrategie und dem Organisationstyp entscheidend für die Größe der Unternehmenszentrale ist[286]. Auch Collis/Young/Goold kamen zu dem Ergebnis, dass je „verwandter" die Portfoliounternehmen sind und je größer die Eingriffstiefe der Zentrale ist, desto

---

[284] Vgl. Baker, G.P., Montgomery, C.A. (1994), S.11ff.
[285] In Abbildung 9 als Gruppen VP bezeichnet.
[286] Vgl. Bühner, R. (2000), S.175.

mehr Personal wird sie auch beinhalten[287]. Somit kann festgehalten werden, dass eine Finanzholding im Vergleich zu einer operativen Holding tendenziell weniger Personal in der Unternehmenszentrale beschäftigt[288]. Auch Buy-Out Gesellschaften bestehen nur aus einer *geringen* Anzahl von Partnern (z.B. besteht CD&R momentan aus 36 Experten[289]) sowie einer ebenso großen Anzahl Associates. Associates unterstützen die Partner als eine Art Lehrling und steigen bei der Auflage neuer Fonds zum Partner auf[290].

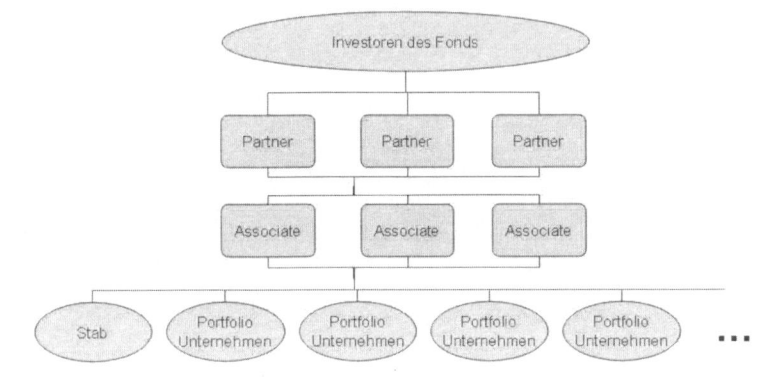

Abbildung 10: Organisationsstruktur einer Buy-Out Gesellschaft
Quelle: Baker, G.P., Montgomery, C.A. (1994), S.32.

Das Management der Portfoliounternehmen wird weitgehend dem beim Buy-Out installierten Managementteam überlassen. Zusätzlich ist jede erworbene Teileinheit rechtlich und finanziell unabhängig, so dass nicht nach potentiellen Synergien gesucht und so die Eingriffstiefe der Zentrale minimal gehalten werden kann. Insofern besteht eine große Ähnlichkeit zwischen einer Buy-Out Gesellschaft und einer Finanzholding.

---

[287] Vgl. Collis, D.J., Young, D., Goold, M. (2003), S.69. Neben der Verwandtschaft ist die Größe der Unternehmenszentrale auch abhängig von bspw. der Branche und der geografischen Abdeckung und variiert auch von Land zu Land. Interessant ist übrigens, dass in der Studie ein Zusammenhang zwischen Größe der Zentrale und Performance nicht bestätigt werden konnte.
[288] Vgl. Kapitel 2.2.2.2
[289] Vgl. CD&R (2006).
[290] Vgl. Sahlman, W.A. (1990), S.488.

Die hierarchische Struktur der Buy-Out Gesellschaft ist *sehr flach* gehalten. So gibt es beinah keine vertikalen Beziehungen. Vielmehr berichten alle Nicht-Partner der Gesellschaft gemeinsam allen Partnern als Gruppe. Auch die Investoren werden im Rahmen des Gesellschaftsvertrags des Fonds über die Portfoliounternehmen informiert. Weiterhin gibt es keine Konstruktion eines Group Vice Presidents. Zwar existieren Spezialisierungen durch vorangegangene Buy-Outs, doch letztendlich werden diejenigen Personen im Vorstand des Portfoliounternehmens platziert, die auch den Buy-Out organisiert haben. Somit erfüllen eben jene Individuen dieselbe Funktion, die in diversifizierten Unternehmen der Group Vice President erfüllt.

Einige Buy-Out Gesellschaften haben auch eine Art „Stab". Dieser übernimmt die Steuerberatung und -planung sowie die Pflege der Beziehungen zu den Investoren für die periodische Neuauflage der Fonds. Leitende Funktionen, die den Hauptteil des Personals des Stabes bei Konglomeraten ausmachen, finden sich im Stab der Buy-Out Gesellschaften jedoch nicht.

Markantester Unterschied beider Organisationsstrukturen war somit die hierarchische Struktur in Konglomeraten, die durch eine zusätzliche Managementebene eine Art Mini-Konglomerat im Konglomerat schaffen. Doch betrachtet man die aktuellen Investments einiger Buy-Out Gesellschaften, so findet man dort auch diese Struktur. So ist KKR beispielsweise an der Demag Holding S.à r.l.[291] beteiligt, die selbst mit ihren Teilbereichen Kranbauten, Hafenzubehör und Isolierstoffe eine Art Mini-Konglomerat darstellt[292]. Auch bzgl. der Größe tragen einige (bspw. 3i, Apax Partners, The Carlyle Group) inzwischen die Folgen ihrer geografischen Abdeckung und beschäftigen weit über 100 Leute[293].

---

[291] S.à r.l. – Société à responsabilité limitée/ französische Gesellschaftsform, entspricht der GmbH
[292] Vgl. KKR (2006).
[293] Vgl. Berg, A. (2005), S.119-120.

3.5 Analyse der Systeme

3.5.1 Anreizsysteme

Buy-Out Gesellschaften verändern die Eigentums- und Steuerungsmechanismen eines Portfoliounternehmens, um so große Anreize für alle Beteiligten zu schaffen und die Kosten der Principal-Agent Beziehung[294] zu minimieren. Einerseits existieren für die Buy-Out Firma und deren Partner selbst große finanzielle Anreize, den Buy-Out erfolgreich abzuschließen. Ihre Vergütung besteht aus einer Entlohnung in Form einer Management-Gebühr („Management Fee") zur Deckung der Kosten des Betreibens des Buy-Out Fonds[295]. Darüber hinaus erhalten sie eine 20-prozentige Beteiligung[296] an jeglichem Kapitalgewinn des Fonds, welche die Management Fee um ein Vielfaches übertrifft (der sog. „Carried Interest" oder „Carry")[297]. In Anbetracht der Fondsgröße sowie der zu erwartenden Performance stehen diese Zahlen für einen enormen Reichtum, den die Gesellschafter des Buy-Out Fonds erreichen können[298].

Das Management des Portfoliounternehmens wird im Zuge des Buy-Outs ermutigt, wenn nicht gar gezwungen, sich mit einem existenziellen Anteil zu beteiligen[299]. Ein großer Teil des Eigenkapitals des Buy-Out Objektes wird dem Management zu günstigen Konditionen angeboten („Sweet Equity"). Als Konsequenz daraus müssen Manager durch die, verglichen mit ihrem persönlichen Vermögen, hohe Investition große finanzielle Risiken[300] eingehen

---

[294] Genau genommen sind Buy-Out Gesellschaften mit einer zweistufigen Principal-Agent Beziehung konfrontiert. Sie agieren als Agenten bzgl. der Investoren, welche ihnen Kapital zur Verfügung stellen und als Principals bzgl. des Managements der Portfoliounternehmen, in welche sie selbst investieren, vgl. Berg, A. (2005), S.27.
[295] Die Management Fee beträgt üblicherweise rund 2,5% des Fondsvermögens, vgl. Jesch, T.A. (2004), S.148.
[296] Bis zu einer bestimmten Mindestverzinsung („hurdle rate") werden Kapitalgewinne noch im Verhältnis der Beteiligung (z.B.99:1) aufgeteilt. Erst mit Überschreiten der Hurdle Rate setzt das 80:20 Verhältnis ein, vgl. Jesch, T.A. (2004), S.150.
[297] Vgl. Sahlman (1990), S.494.
[298] Vgl. ausführlich zum Einkommen von Buy-Out Gesellschaften Berg, A. (2005), S.122-131.
[299] Vgl. Temple, P. (1999), S.7.
[300] Zu den negativen Auswirkungen einer solchen Konzentration des Managervermögens (z.B. Risikoaversion) vgl. Holthausen, R.W., Larcker, D.F. (1996), S.295.

(„Pain Equity")[301]. Einen zusäzlichen Anreiz stellt für sie der Statuswechsel vom Manager zum (Co-)Eigentümer dar[302]. Zusammenfassend lässt sie ihr Eigenkapitalanteil am Portfoliounternehmen an jedem wertsteigernden Schritt ihrerseits teilhaben und kann im Falle eines Wertverlustes schmerzhafte Folgen haben.

Die Anreizsysteme sind nicht notwendigerweise[303] auf das Top Management beschränkt. So werden in Buy-Outs regelmäßig neue Prämiensysteme eingeführt und Arbeitsverträge überarbeitet, aber auch sog. Employee Share Ownership Plans (ESOPs) oder andere Möglichkeiten der Partizipation werden in Erwägung gezogen[304].

Auch diversifizierte Unternehmen legen viel Wert auf Leistung und Verantwortung. So teilen erfolgreiche Konglomerate die Philosophie „you make your numbers, you get your bonus"[305]. Dies erfolgt zumeist mit großen Aktienoptionsprogrammen („Stock Option Plans"), die dem Management Gewinne versprechen, wenn der Aktienkurs des Unternehmens eine vereinbarte Grenze übersteigt[306]. Ein Großteil der Managementvergütung ist damit variabel mit dem Erfolg des Unternehmens verknüpft. Auch auf Ebene der Portfoliounternehmen existiert eine solch variable Vergütung. So ist bspw. bei Siemens das Einkommen der Leitenden Angestellten zu 40% - 50% variabel. Von diesem variablen Anteil sind 2/3 an das Ergebnis des eigenen Bereichs gekoppelt, 1/3 an das Ergebnis der jeweils übergeordneten Einheit[307]. Dahinter steckt die Überlegung, eine Konkurrenzsituation zweier Teileinheiten auf einer Ebene zu vermeiden und mögliche Synergien zu heben.

Hierin ist jedoch zugleich der ein Unterschied beider Organisationsformen ersichtlich. Zwar werden die Manager der Portfoliounternehmen an ihrem Erfolg gemessen, jedoch ist eine direkte Beteiligung am Eigenkapital ihres Teilbereichs nicht möglich. Daher ist ihre Leistung im Verhältnis zu

---

[301] Vgl. Berg, A., Gottschalg, O. (2003), S.28.
[302] Vgl. Phan, P.H., Hill, C.W.L. (1995), S.706.
[303] Zu einem Gegenbeispiel vgl. Anders, G. (1992), S.87.
[304] Vgl. Loos, N. (2005), S.28.
[305] Shulman, L. (1999), S.8.
[306] Vgl. Hungenberg, H. (2004), S.339; Shulman, L. (1999), S.8.
[307] Vgl. Mirow, M. (2000), S.21.

Portfoliomanagern in Buy-Out Gesellschaften „weniger" zurechenbar. In Buy-Out Gesellschaften hingegen existiert sog. „**Divisional Equity**", also Eigenkapital, an dem das Management des Teilbereichs beteiligt werden könnte. Die Manager sind zwar während der Zeit ihrer Beteiligung illiquide, d.h. sie haben keinen direkten Zugriff auf das Kapital, jedoch ist durch einen geplanten Exit die Aussicht auf Liquidierung sowie unabhängiger Bewertung ihres Erfolgs durch Dritte gegeben[308]. Daher spricht man im Falle eines Buy-Outs manchmal auch von einem umfangreichen „Incentive Alignment", also der Anpassung der Anreize im Interesse aller Beteiligten[309].

Schwerer wiegt beinah noch, dass es in Konglomeraten zwar positive und negative Anreize gibt, diese jedoch in ihrem Ausmaß nicht mit denen der Buy-Out Gesellschaft zu vergleichen sind. Einerseits versprechen Stock Options einen guten Profit, stehen jedoch in keinem Vergleich zu der Geldmenge, die sowohl die Partner der Buy-Out Firma als auch das Management im Erfolgsfall des Buy-outs verdienen. Auf der anderen, negativen Seite ist das Management im Konzern schlimmstenfalls seinen Job los, während bei einem misslungenem Buy-Out im Extremfall die gesamte Existenz bedroht wird. Zusammenfassend kann man festhalten, dass die **Pay-to-Performance Sensitivität**[310] bei Buy-Outs bedeutend höher ist.

Dennoch können diversifizierte Unternehmen ihren Mitarbeitern weitere Anreize durch Perspektiven in einer Reihe von Tätigkeitsfeldern bieten. Diese **immateriellen Anreize** beinhalten nicht nur Tätigkeiten in verschiedenen Branchen, sondern im Falle eines Großkonzerns meist auch geografische, landesspezifisch kulturelle Angebote. Besonders in Entwicklungsländern bzw. den sog. „Emerging Markets" ist die Reputation eines großen Unternehmens auch mit dem Ansehen und dem sozialen Status des jeweiligen Managements verknüpft[311].

---

[308] Vgl. Baker, G.P., Montgomery, C.A. (1994), S.21.
[309] Vgl. Loos, N. (2005), S.27.
[310] Also die Empfindlichkeit der Bezahlung im Verhältnis zur eigenen Leistung.
[311] Vgl. zu weiterführenden Thesen zu „Emerging Markets" und Diversifikation Khanna, T., Papelu, K. (1997), S.41ff.

3.5.2 Informationssystem / Monitoring & Controlling

Ein Buy-Out ist üblicherweise mit einer Änderung der strategischen Richtung des jeweiligen Unternehmens verbunden[312]. Damit verbunden bestehen für Buy-Out Gesellschaften im Wesentlichen zwei Aufgaben: das Unterstützen des Portfoliounternehmens sowie die Überwachung bzw. das Monitoring des Fortschritts ihrer Portfoliounternehmen[313].

Die Unterstützung erfolgt dabei hauptsächlich durch strategischen, wirtschaftlichen und finanziellen Rat, die sorgfältige Auswahl des Managements des Portfoliounternehmens und durch Vermittlung von Kontakten zu Branchenexperten[314]. Darüber hinaus steigern sie die Ausgaben für die Forschung und fördern ebenso die Produktentwicklung[315].

Durch ihre hohe Eigenbeteiligung haben Private Equity Firmen einen hohen Anreiz, den Fortschritt ihrer Portfoliounternehmen zu überwachen. Darüber hinaus müssen sie auch ihre Investoren im Rahmen des Partnership Agreements über deren Entwicklung informieren. Somit haben Buy-Out Gesellschaften und deren Partner üblicherweise einen Posten im Vorstand des Portfoliounternehmens, wo in regelmäßigen Abständen die Entwicklung ausgewertet wird[316]. Zusätzlich stehen sie oft in formlosen Kontakt zu einigen der Manager der Portfoliounternehmen und erhalten zwischen den Vorstandssitzungen strukturierte Zwischenberichte. All dies wird ergänzt durch eine Ad-Hoc-Kommunikation im Falle des Auftretens spezifischer Ereignisse[317]. Der Fokus des Kontrollmechanismus liegt dabei eher auf reinen Cash-Flow Größen und traditionellen Absolutgrößen wie EBITDA als auf wertorientierten Größen[318].

Dies ist im Wesentlichen auch der markante Unterschied zwischen Buy-Out Gesellschaften und Konglomeraten, der auf die Struktur sowie die Perspektive

---

[312] Vgl. Bruining, H., Bonnet, M., Wright, M. (2002), S.3.
[313] Vgl. Beuselinck, C., Manigart, S. (2005), S.3.
[314] Vgl. Botazzi, L., da Rin, M., Hellmann, T. (2004), S.5ff.
[315] Vgl. Zahra, S.A. (1995), S.225.
[316] Vgl. Kaplan, S.N., Strömberg, P. (2000), S.1ff.
[317] Vgl. Beuselinck, C., Manigart, S. (2005), S.4.
[318] Vgl. Arbeitskreis „Finanzierung" der Schmalenbach-Gesellschaft für Betriebswirtschaft e.V. (2006), S.254.

(mittel- vs. langfristig) beider Gesellschaftstypen zurückzuführen ist. Während Buy-Out Gesellschaften eine Optimierung der Cash-Flow Generierung und des Schuldentilgungspotentials anstreben, ist für Konglomerate die Optimierung der Allokation von Investitionsmitteln im Konzern entscheidend[319]. Somit erfolgt das Reporting in diversifizierten Unternehmen hauptsächlich anhand wertorientierter Größen, in Buy-Out Gesellschaften sind Cash-Flow und traditionelle Erfolgsgrößen entscheidend.

3.6 Ressourcenbasis

Wie in den vorangegangen Kapiteln dargestellt sind die Portfoliounternehmen der Buy-Out Gesellschaften rechtlich und finanziell unabhängig voneinander und auch die „Zentrale" ist sehr klein gehalten. Dennoch besitzen auch sie z.T. Ressourcen, die sie durchaus in ihrem Interesse einzusetzen wissen. Dies soll im folgenden Abschnitt dargestellt werden. Prinzipiell wird dabei zwischen materiellen Ressourcen (3.6.1) und immateriellen Ressourcen (3.6.2) unterschieden.

3.6.1 Materielle Ressourcen

3.6.1.1 Finanzielle Ressourcen

Finanzielle Ressourcen spielen für Buy-Out Gesellschaften nur auf der Ebene der Portfoliounternehmen eine Rolle. Die Unternehmen werden während des Buy-Outs mit Kapital ausgestattet und sind anschließend rechtlich und finanziell unabhängig.

Diversifizierte Unternehmen können im Gegensatz dazu auf den angesprochenen internen Kapitalmarkt zurückgreifen[320]. Sie können dadurch Wachstum versprechende Bereiche unterstützen, ohne Fremdkapitalkosten tragen zu müssen.

---

[319] Vgl. Arbeitskreis „Finanzierung" der Schmalenbach-Gesellschaft für Betriebswirtschaft e.V. (2006), S.255.
[320] Vgl. Kapitel 3.4.1

3.6.1.2 Sachwerte

Auch Sachwerte sind in Buy-Out Gesellschaften trotz der Portfoliounternehmen kaum vorhanden. Sie operieren üblicherweise „asset-light", d.h. ihre Büroräume sind gemietet und sie besitzen nur Dienstwagen und Einrichtungsgegenstände[321].

Diversifizierte Großunternehmen wie Siemens oder General Electric hingegen besitzen aufgrund ihrer weltweiten Präsenz eine enorme Menge an Immobilien (Siemens bspw. über 3000[322]), deren Management und Kontrolle sie in einen eigens dafür vorgesehenen Teilbereich auslagern können (wie bspw. GE Real Estate, Siemens Real Estate).

3.6.2 Immaterielle Ressourcen

3.6.2.1 Know-How

Know How beinhaltet Informationen über eine Fülle von Details, die eine Firma sich im Zeitraum von Jahren, manchmal auch Jahrzehnten angeeignet hat und die sie zu einer Interaktion mit Kunden und Lieferanten befähigt. Know How ist typischerweise in der Ausbildung, dem Training und der Erfahrung des Personals verwurzelt[323].

Die Basis des Know Hows einer Buy-Out Firma sind daher ebenso ihre Angestellten. Diese arbeiteten vorher zumeist in einer Investment Bank, einer Wirtschaftsprüfungsgesellschaft, einer Managementberatung oder sind ausgewiesene und sehr erfahrene Branchenexperten[324]. Darüber hinaus vervielfältigen sie ihr Wissen während der Auswahl, der Strukturierung, dem Managen und der Veräußerung einer großen Anzahl von Buy-Out Investitionen fortlaufend[325]. Durch diesen Prozess, der beinahe alle Aspekte der Betriebswirtschaftslehre abdeckt, sowie die große Erfahrung ihrer Angestellten, verfügen Buy-Out Firmen über ein enormes Know-How.

---

[321] Vgl. Berg, A. (2005), S.118.
[322] Vgl. Siemens (2006b).
[323] Vgl. Barney, J.B. (2002), S.84.
[324] Vgl. Berg, A. (2005), S.119.
[325] Vgl. Anders, G. (1992), S.82.

Auch in diversifizierten Unternehmen ist das Know How in den Persönlichkeiten der Führungskräfte verankert. Diese gehen aufgrund langfristiger Beurteilung, kürzerer Einarbeitungszeit und Motivation der übrigen Belegschaft zumeist aus dem eigenen Unternehmen hervor, doch auch die externe Beschaffung von Führungskräften ist von hoher Bedeutung[326]. Durch sog. Externe wird zusätzliches Know How gewonnen, welches nach Beurteilung durch die Führungsspitze momentan nicht im Unternehmen vorhanden ist, jedoch benötigt wird. Dadurch trägt die Unternehmensführung in Konglomeraten ebenso ein großes Know How. Darüber hinaus werden im Gegensatz zu Buy-Out Gesellschaften Lernprozesse auch innerhalb der gesamten Organisation gefördert, nicht nur auf der obersten Ebene. Dadurch werden Ideen und Erfahrungen in neuen Kontexten angewandt und schaffen die Möglichkeit, traditionelle Strukturen immer wieder aufzubrechen[327].

3.6.2.2 Kultur

Die Unternehmenskultur beinhaltet unternehmensgeschichtlich gewachsene, gelebte, und zumindest partiell gestaltbare Denk-, Entscheidungs- und Verhaltensmuster der Mitarbeiter, die primär durch die (gemeinsamen) Werthaltungen der obersten Führungskräfte geprägt werden und in spezifischen Erscheinungsformen und auch Symbolen zum Ausdruck kommen[328]. Sie macht die Unternehmung einzigartig und vereint ihre Mitglieder zugleich[329].
Buy-Out Gesellschaften haben traditionell aufgrund ihrer geringen Größe eine partnerschaftliche und egalitäre Kultur[330]. Durch eine verbreitete geografische Abdeckung wächst allerdings auch ihre Größe, so dass sie Kompromisse bzgl. regionaler Differenzen oder einem „one firm" Ansatz eingehen müssen[331]. Auch

---

[326] Vgl. Hahn, D. (2006d), S.339.
[327] Vgl. Heuskel, D. (1999), S.144.
[328] Vgl. Hahn, D. (2006b), S.35.
[329] Vgl. Hall, R. (1992), S. 139.
[330] Vgl. Kester, W.C., Luehrman, T.A. (1995), S.125.
[331] Vgl. Berg, A. (2005), S.120.

identifizieren sich v.a. kleine Buy-Out Gesellschaften mit ihrem Herkunftsland, während andere sich wie bspw. BC Partners als europäisch bezeichnen[332]. Diversifizierte Unternehmen sind aufgrund ihrer Historie meist ebenso einem Land zuzuordnen, in dem sich zumeist auch das Hauptquartier befindet (bspw. Toshiba – Tokio, Japan[333]). Doch im Zuge der Globalisierung fördern die meisten Unternehmen wie z.b. Honeywell immer mehr auch die Vielfalt („Diversity") innerhalb des gesamten Konzerns, sei es bezogen auf die Rasse, das Geschlecht, die Nationalität oder etwaiger Behinderungen. Dadurch soll sich gegenseitiger Respekt, Verständnis und Anerkennung verschiedener Sichtweisen, Hintergründe und Erfahrungen entwickeln[334].

Ein viel wichtigerer Punkt, der ebenso öfter herausgestellt wird, ist der Leistungsaspekt. So muss die Unternehmenskultur eine Leistungskultur sein und erfolgreiche Konglomerate wie bspw. Textron sind bekannt dafür, dass sie Leistung fordern[335]. In Buy-Out Gesellschaften wird dies zwar nicht explizit gefordert, doch in Anbetracht des hohen Eigenkapitaleinsatzes aller Beteiligten, ist Leistung impliziert und eine notwendige Voraussetzung, um den Buy-Out erfolgreich abzuschließen und den Kapitalverlust zu vermeiden.

3.6.2.3 Reputation

Die Reputation kennzeichnet die Attribute, die Externe mit einer Firma, ihren Produkten und ihren Dienstleistungen verbinden[336]. Ebenso kann sie auch auf die Ressourcenträger einer Unternehmung zurückgeführt werden[337]. Der folgende Abschnitt setzt sich mit den Ursachen auseinander, die der Reputation zu Grunde liegen.

Wie bereits an anderer Stelle erwähnt werden Buy-Out Gesellschaften hauptsächlich anhand ihres Track Records beurteilt[338]. Dieser spiegelt die **zurückliegenden Erfolge** der Buy-Out Gesellschaft wider und trägt somit auch

---
[332] Vgl. ebenda.
[333] Vgl. Toshiba (2006).
[334] Vgl. Honeywell (2006).
[335] Vgl. Shulman, L. (1999), S.8.
[336] Vgl. Fombrun, C., Shanley, M. (1990), S.233.
[337] Vgl. Berg, A. (2005), S. 120.
[338] Vgl. Kapitel 3.3.2

grundlegend zum Aufbau eines „guten Rufes" bei. Diversifizierte Unternehmen profitieren an dieser Stelle meist durch ihre in langer Tradition aufgebaute Unternehmensmarke. So existiert die Marke „General Electric" bereits seit beinah 130 Jahren[339].

Nicht nur der zurückliegende Erfolg, auch **einzelne Projekte** und Transaktionen stehen of im Fokus der Öffentlichkeit und tragen zum Formen der Reputation bei. So wird KKR beispielsweise bis heute mit dem Buy-Out von RJR Nabsico im Jahr 1989 in Verbindung gebracht[340]. Auch mit Siemens wird momentan die Veräußerung der Handy-Sparte an BenQ assoziiert.

Natürlich trägt auch die zurückliegende **Interaktion mit Anspruchsgruppen** eine große Rolle. KKR ist für seinen fairen Umgang sowohl mit Investoren als auch mit seinen Portfoliounternehmen bekannt[341]. Große Unternehmen widmen sich darüber hinaus auch ihrer sozialen Verantwortung, was bspw. die umfangreichen Spenden von 3M, GE und Honeywell nach der Tsunami-Katastrophe im Dezember 2004 beweisen[342].

Eine weitere Quelle ist die Reputation des **Schlüsselpersonals**. Für Buy-Out Organisationen seien beispielhaft Henry Kravis von KKR und Stephen Schwarzman von Blackstone genannt. Für diversifizierte Unternehmen trifft dies wohl am ehesten auf Warren Buffet von Berkshire Hathaway zu. Einige Jahre zurück wäre an dieser Stelle Jack Welsh von General Electric als Musterbeispiel genannt worden. Doch er schied 2001 aus dem Unternehmen aus und wurde von CD&R, also einer Buy-Out Gesellschaft angestellt. Dieser Weg verspricht Buy-Out Gesellschaften auf dem schnellsten Weg zu einer positiven Reputation zu gelangen, so dass Berg darin einen Trend sieht, dass Buy-Out Gesellschaften eben solche Berühmtheiten für sich gewinnen[343]. Einige gehen sogar über die Managementbranche hinaus und stellen ehemalige Politiker an,

---

[339] Vgl. GE (2006).
[340] Vgl. Kapitel 1.1
[341] Vgl. Berg, A. (2005), S.121.
[342] Für einen Überblick vgl. ABC (2005).
[343] Vgl. Berg, A. (2005), S.121.

wie bspw. Carlyle den ehem. US Präsidenten George H.W. Bush Sen. sowie den ehem. Britischen Premierminister John Major[344].

3.6.2.4 Beziehungen & Netzwerke

Buy-Out Gesellschaften sind bekannt für ihre umfangreichen Organisations- und Personennetzwerke. So wirken ihre Angestellten in einer Vielzahl von Industrie- und Managementgesellschaften mit, um besseren Zugang zu möglichen Beteiligungsunternehmen zu erlangen. Darüber hinaus sind sie auch in der Finanz- bzw. Investorengemeinde aktiv, für einen leichteren Zugang zu Kapital[345]. Des Weiteren knüpfen sie durch ihre fortlaufenden Beteiligungen immer neue Beziehungen[346]. Dabei spielen die Tätigkeiten, in denen die Manager vor ihrer Zeit in der Buy-Out Gesellschaft aktiv waren eine besonders wichtige Rolle. So behauptet bspw. CD&R von sich, durch die hohe Expertise ihres Management Teams sowohl in der Industrie als auch im Finanzbereich über ein sehr mächtiges Netzwerk zu verfügen[347].

Auch den Führungskräften diversifizierter Unternehmen kann ein solches Netzwerk an Beziehungen nicht abgesprochen werden. Doch im Vergleich zu dem Einfluss der Buy-Out Gesellschaften, reichen sie an diese wahrscheinlich nicht heran. Wie im vorangegangen Kapitel kurz dargestellt wurde, kann davon ausgegangen werden, dass bestimmte Personen allein wegen ihres Einflusses das Interesse der Buy-Out Gesellschaft an sich wecken. Diese kann wiederum mit hohen Erfolgsaussichten locken und so an Einfluss hinzugewinnen. Dadurch sind sie in diesem Punkt Großunternehmen immer ein Stück überlegen.

Dafür sind diversifizierte Unternehmen in der Lage, ein internes Netzwerk aufzubauen, in welchem auch das mittlere Management Erfahrungen austauschen und Beziehungen knüpfen kann. Auch wissensbasierte Netzwerke, wie die „virtuelle Organisation", in der die Zusammenarbeit über virtuelle

---

[344] Diese können in dem Zusammenhang allerdings auch als „Branchenexperte" gesehen werden, da Carlyle von sich selbst behauptet, das größte Private Equity Haus im Militärsektor zu sein… vgl. Carlyle (2006).
[345] Vgl. Berg, A. (2005), S.121.
[346] Vgl. Anders, G. (1992), S.82.
[347] Vgl. Berg, A. (2005), S.122.

Strukturen in interdisziplinären Projektteams verläuft[348], sind in diversifizierten Unternehmen eher realisierbar und kommen für Buy-Out Gesellschaften höchstens innerhalb eines Portfoliounternehmens in Frage.

3.6.2.5 Intellectual Property Rights

Intellectual Property Rights (IPR), also gewerbliche Schutz- und Urheberrechte spielen für Buy-Out Gesellschaften nur auf der Ebene der Portfoliounternehmen eine Rolle.

Die Teileinheiten diversifizierter Unternehmen hingegen profitieren von den Nutzungsrechten an IPRs auf Gesamtebene des Unternehmens. Dadurch entfallen eventuell anfallende Nutzungskosten und auch die Forschung und Entwicklung weiterer Innovationen wird erleichtert.

3.7 Zusammenfassung

Innerhalb des Vergleiches wurden die Ziele, das Portfoliomanagement, die Strukturen, die Systeme sowie die Ressourcen beider Gesellschaftstypen untersucht. Die Tabelle in Anhang 4 stellt die einzelnen Kriterien noch einmal einander gegenüber. Zusammenfassend lieferte der Vergleich die folgenden Ergebnisse:

- Hinsichtlich ihrer Ziele unterscheiden sich die Gesellschaftstypen hauptsächlich hinsichtlich der Perspektive, die sie ihren Portfoliounternehmen bieten. Vom Wachstum profitieren wollen hingegen beide.
- Im Portfoliomanagement weisen sie eine Menge Gemeinsamkeiten auf. Dazu gehören der strategische Umgang mit Akquisitionen, die Arten der Desinvestiton sowie die Motive zu Kooperationen. Darüber hinaus kooperieren sie gelegentlich auch im Rahmen eines Buy-Outs miteinander. Unterscheiden tun sie sich hauptsächlich hinsichtlich ihrer grundlegenden Motive für Akquisitionen und Desinvestitionen. Des Weiteren bestehen für Konglomerate mehr Alternativen zu kooperieren.

---

[348] Vgl. Mirow, M. (2000), S.18-20.

Die übrigen untersuchten Kriterien stellen im Kern zwar Unterschiede dar, jedoch wurden Möglichkeiten ausgemacht, wie eine der beiden Organisationsformen sich die jeweiligen Eigenschaften der anderen aneignet.

- Die Analyse der Strukturen ergab, dass dasselbe hinsichtlich der Organisationsstruktur gilt. Auch hier gibt es Besonderheiten, in denen sich beide ähneln. Jedoch unterscheiden sie sich grundlegend in ihrem prinzipiellen Aufbau, was bereits aus der Bezeichnung *Private* Equity hervorgeht. Zwar halten beide Beteiligungen an ihren Portfoliounternehmen, jedoch ist diese Verbindung eine grundsätzlich andere. Während Konglomerate auf einen internen Kapitalmarkt zurückgreifen können über den sie flexibel die einzelnen Teilbereiche unterstützen können ist dies in Buy-Out Gesellschaften durch ein striktes Vertragswerk klar getrennt. Die Portfoliounternehmen sind rechtlich und finanziell völlig unabhängig, ihr Budget wurde bereits innerhalb des Vertragswerkes durch einen hohen Fremdkapitalanteil fixiert. Das Management ist durch seinen Kapitalbeitrag fest in dieses Vertragswerk eingebunden. Änderungen dieser Struktur sind nur unter sehr hohen Kosten möglich, wohingegen Konglomerate dies flexibler gestalten können. Diese Flexibilität erlaubt diversifizierten Unternehmen eine Änderung der strategischen Richtung einzelner Bereiche zu geringen Kosten. Dies ermöglicht einen ganzheitlichen Ansatz in Bezug auf die Wertsteigerung.

- Aufgrund ihrer unterschiedlichen Strukturen unterscheiden sich beide Gesellschaftstypen auch hinsichtlich ihrer Systeme. So sind die Anreize in Buy-Out Gesellschaften im Vergleich zu diversifizierten Unternehmen bedeutend höher. Eine entscheidende Rolle spielt hier die Pay-to-Perfomance Sensitivität. Letztendlich spiegelt sie jedoch auch das erhöhte Risiko, das mit einem Buy-Out für die Beteiligten einhergeht wider. Auch das Monitoring wird an die unterschiedlichen

Ziele beider Organisationsformen angepasst und unterscheidet demnach ebenso.

- Die Untersuchung der Ressourcenbasis ergab, dass sich Buy-Out Gesellschaften bis auf ihre Reputation grundsätzlich von Konglomeraten unterscheiden. Die Ursache für die Unterschiede in der materiellen Ressourcenausstattung, der Kultur sowie der Nutzung von Intellectual Property Rights sind dabei hauptsächlich auf den ganzheitlichen Ansatz diversifizierter Unternehmen zurückzuführen. Dieser integrierende Ansatz ermöglicht auch internen Know How Transfer und wissensbasierte Netze. Die höhere Qualität des Management Know Hows von Buy-Out Gesellschaften sowie deren Beziehungen zu externen Experten ist hingegen auf ihr Anreizsystem zurückzuführen.

4 Fazit & Ausblick

Ziel dieser Arbeit war, die Geschäftsmodelle von diversifizierten Unternehmen und Beteiligungsgesellschaften unter strategischen Gesichtspunkten zu analysieren. Dies wurde durch eine Untersuchung der Ziele, des Portfoliomanagements, der Strukturen, der Systeme sowie der Ressourcenbasis erreicht.

In einem einleitenden Kapitel erfolgte neben grundlegenden Definitionen eine Beschränkung der Untersuchung auf Buy-Out Gesellschaften. Eine anschließende Situationsanalyse zeigte auf, dass dieser Gesellschaftstyp zwar relativ neuartig ist, jedoch traditionelle Konglomerate nicht vollständig aus dem Wettbewerb verdrängen konnte, und legte so die Notwendigkeit eines detaillierten Vergleiches dar. Dieser Vergleich ergab, dass sich das Portfoliomanagement von Konglomeraten und Buy-Out Gesellschaften zwar ähnelt, sie sich aber in Zielen, Strukturen, Systemen und der Ressourcenausstattung unterscheiden. Insbesondere die langfristige Perspektive für die Portfoliounternehmen sowie der ganzheitliche Ansatz der Wertsteigerung der Konglomerate machen den Unterschied beider Gesellschaftstypen aus.

Infolgedessen würden bei einem Ersetzen der Unternehmenszentrale eines Konglomerats durch eine Buy-Out Gesellschaft sämtliche interne Strukturen aufgelöst. Dies bedeutet gleichzeitig, dass eine solche Transaktion nur in Frage kommt, wenn diese internen Wert schaffenden Strukturen zusammengenommen ineffizient arbeiten. Für eine Effizienz dieser Strukturen zu sorgen, ist Aufgabe der Unternehmenszentrale, also des obersten Managements. Mit dem Verweis auf die erfolgreichen Beispiele beider Gesellschaftstypen folgt daraus, dass es nicht die perfekte Unternehmenszentrale gibt, sondern nur gut und schlecht geführte Unternehmen.

Vielmehr scheinen Buy-Out Gesellschaften innerhalb eines Kontinuums alternativer Kapitalmarktintermediäre zwischen Konglomeraten und Mutual

Fazit & Ausblick

Funds recht nah bei den diversifizierten Unternehmen positioniert zu sein. Ausprägungen dieses Kontinuums zwischen Buy-Out Gesellschaften und Konglomeraten wurden innerhalb dieser Arbeit untersucht[349]. Dabei kann durch die Aktualität einiger Besonderheiten wie bspw. der börsennotierten Buy-Out Fonds (Mai 2006)[350] angenommen werden, dass dieses Kontinuum noch nicht vollständig ausgefüllt ist, so dass eine weitergehende Untersuchung durchaus Sinn macht. Die Forschung kann dabei auch in die andere Richtung gehen, in der sich Hedge Fonds und andere alternative Anlagen befinden.

---

[349] Vgl. mit der Spalte „Besonderheiten" in der Tabelle in Anhang 4.
[350] Vgl. Gault, L. (2006).

Anhang 1: Definition der Finanzierungsphasen im Lebenszykluskonzept

Quelle: EVCA (2006b)

Early Stage beinhaltet:
- **Seed**-Financing – zur Ausreifung/Umsetzung von Ideen, Forschungsprojekten oder Prototypen vor der eigentlichen Unternehmensgründung
- **Startup**-Financing – zur Gründung des Unternehmens, Anschaffung von Produktionsmitteln und zum Aufbau des Managements. Das Unternehmen kann auch schon für kurze Zeit betrieben worden sein, hat aber sein Produkt noch nicht auf den Markt gebracht.

Expansion beinhaltet:
- **Expansion** Financing – für Produktinnovationen etablierter Unternehmen und den Ausbau des Produktions- und Vertriebssystems
- **Bridge** Financing – Kapitalbeteiligung im Rahmen der Vorbereitung des Börsengangs
- **Rescue/Turnaround** Financing – zur Sanierung eines Unternehmens

Replacement Capital beinhaltet:
- **Secondary Purchase/Replacement Capital** – Kauf der Unternehmensanteile von einer anderen Beteiligungsgesellschaft oder Anteilseignern, die die Firma verlassen wollen
- **Refinancing Bank Debt** – zur Verringerung des Verschuldungsgrads

Buyout beinhaltet:
- **Management Buy-out** – Übernahme eines Unternehmens durch das vorhandene Management
- **Management Buy-in** – Übernahme eines Unternehmens durch fremdes Management
- **Venture Purchase notierter Anteile** – Kauf von Anteilen börsennotierter Unternehmen mit der Absicht diese in eine Personengesellschaft umzuwandeln, d.h. die Börsennotierung einzustellen

Anhang 2: Überblick über Alternative Anlageinstrumente

Quelle: Bance, A. (2004), S. 2.

Alternative Assets			
Private Equity	**Hedge Funds**	**Real Estate**	Physical Commodities
· Venture Capital · Buyout · Mezzanine Capital · Special Situations	· Long/short · Global Macro · Event Driven · Market Neutral · Arbitrage · Emerging Markets	· Office · Retail · Residential · REITs*	Currencies
			Interest Rates
			Natural Resources

* REIT – Real Estate Investment Trust

Anhang 3: Ausgewählte[351] Definitionen von Geschäftsmodellen[352]

Quelle: Stähler, P. (2001), S.40ff; Berg, A. (2005), S.72ff.

Slywotzky, A.J. (1996), S.4.	A business design is the totality of how a company selects its customers, defines and differentiates its offerings, defines the tasks it will perform itself and those it will outsource, configures its resources, goes to market, creates utility for customers, and captures profit. It is the entire system for delivering utility to customers and earning profit from that activity. Companies may offer technology, but that offering is embedded in **a comprehensive system of activities and relationships that represents the company's business design**.
Slywotzky, A.J., Morrison, D.J. (1998), S.10.	A company's business design is composed of four strategic elements: (1) customer selection, (2) value capture, (3) strategic control, and (4) scope.
Timmers, P. (1998), S.4.	Definition of a business model • An **architecture fort he product, service and information flow**, including a description of various business actors and their roles; and • A description of the **potential benefits** for the various business actors; and • A description of the **sources of revenue**
Eden, C., Ackerman, F. (1998), S.79.	Die Autoren definieren ein Geschäftsmodell als das **gewünschte Endprodukt eines Strategieprozesses**. Dieser Prozess sollte auf eindeutigen Stärken fundieren und mögliche Schwächen sowie Möglichkeiten zur Erweiterung des Geschäftsmodells identifizieren. Zusätzlich sollte er gleichzeitig Strategien zum Schutz, zur Sicherstellung der Nachhaltigkeit sowie zum Ausbau des Geschäftsmodells beinhalten.
Venkatraman, N., Henderson, J.C. (1998)	Die Autoren definieren ein Geschäftsmodell als eine Architektur einer virtuellen Organisation anhand von drei Vektoren: **customer interaction, asset configuration** und **knowledge leverage**.
Selz, D. (1999), S. 106.	(…) [A] business model is understood to be an **architecture for the product, service, and information flows**, which includes a description of the various economic agents and their roles. Furthermore, a business model describes the **potential benefits** for the various agents and provides a description of the **potential revenue flow**.

---

[351] Autoren weiterer Definitionen finden sich auch in Berg, A. (2005), S.72.
[352] Obwohl nicht alle Autoren explizit den Begriff Geschäftsmodell bzw. Business Model benutzen, beziehen sie sich auf dieselbe zu Grunde liegende Idee.

Anhang 3: Ausgewählte Definitionen von Geschäftsmodellen

Hamel, G. (2000), S. 65-112.	[A] business model is simply a business concept that has been put into practice. (…) A business concept comprises four major components: Core Strategy, Strategic Resources, Customer Interface, Value Network. (…) Elements of the **core strategy** include business mission, product/market scope, and basis for differentiation. (…) **Strategic resources** include core competencies, strategic assets, and core processes. (…) Intermediating between a company's core strategy and its strategic resources is a bridge I'll call configuration. **Configuration** refers to the unique way in which competencies, assets, and processes are combined and interrelated in support of a particular strategy. (…) **[C]ustomer interface** has four elements: fulfillment and support, information and insight, relationship dynamics, and pricing structure. (…) Intermediating between the core strategy and the customer interface is another bridge component – the particular bundle of benefits that is actually being offered to the customer. (…) **[T]he value network** (…) surrounds the firm, and which complements and amplifies the firm's own resources. (…) Intermediating between a company's strategic resources and its value network are the firm's boundaries. This bridge component refers to the decisions that have been made about what the firm does and what it contracts out to the value network. There are four factors to consider in determining the **wealth potential** of any business concept: (…) efficient (…) unique (…) fit of elements of the business concept (…) [and] profit boosters.
Stähler, P. (2001), S.41f.	Ein **Geschäftsmodell** ist ein **Geschäftskonzept**, das in der Praxis schon angewandt wird. 1. Ein Geschäftskonzept enthält eine **Beschreibung, welchen Nutzen** Kunden oder andere Partner des Unternehmens aus der Verbindung mit diesem ziehen können. Dieser Teil des Geschäftskonzeptes wird **Value Proposition** genannt. Es beantwortet die Frage: Welchen Nutzen stiftet das Unternehmen? 2. Ein Geschäftskonzept ist gleichzeitig eine **Architektur der Wertschöpfung**, d.h., wie der Nutzen für die Kunden generiert wird. Diese Architektur beinhaltet eine Beschreibung der verschiedenen Stufen der Wertschöpfung und der verschiedenen wirtschaftlichen Agenten und ihrer Rollen in der Wertschöpfung. Es beantwortet die Frage: Wie wird die Leistung in welcher Konfiguration erstellt? 3. Neben dem *Was* und dem *Wie* beschreibt das Geschäftskonzept auch, welche Einnahmen das Unternehmen aus welchen Quellen generiert. Die zukünftigen Einnahmen entscheiden über den Wert des Geschäftsmodells und damit über seine Nachhaltigkeit. Es beantwortet die Frage: Womit wird das Geld verdient? Dieser Teil des Geschäftsmodells heißt **Ertragsmodell**.

Anhang 3: Ausgewählte Definitionen von Geschäftsmodellen

Amit, R., Zott, C. (2001), S.511.	[W]e propose the business model construct as a **unifying unit of analysis that captures the value creation arising from multiple sources** (…) The business model depicts the content, structure, and governance of transactions designed so as to create value through the exploitation of business opportunities.(…) one of the main challenges of entrepreneurs' search for wealth creation, namely he design of their business model, which depicts **the ways in which the new business will transact with, interact, and relate to its external stakeholders** including customers, suppliers, partners and others.
Afuah, A. (2003), S.9.	A business model is the set of *which* **activities a firm performs**, *how* it performs, and *when* it performs them as it uses its resources to perform activities, given its industry, to create superior customer value (low-cost or differentiated products) and put itself in a position to appropriate the value.
Berg, A. (2005), S.73.	A business model is defined as a systematic and comprehensive way to **describe the basic strategic logic of a business** in a simplified and abstract manner. It is the basis for the illustration, discussion, and development of strategy for a firm or business unit. It comprises a **business design (business definition, business architecture, resource configuration)** that describes the comprehensive system of activities, relationships, and resources as well as a **revenue model** that analyses the way the business generates revenues and profits.

Anhang 4: Zusammenfassung der Analyse[353]

Kriterium	Buy-Out Gesellschaften (BOGs)	Diversifizierte Unternehmen	Besonderheiten
Ziele und allgemeines Geschäftsmodell			
Ziele	Fortsetzung des Buy-Out Kreislaufs → kurz-/mittelfristige Perspektive für Portfoliounternehmen	Maximierung des Shareholder Value → langfristige Perspektive für Portfoliounternehmen	Existenz von Beteiligungsgesellschaften mit langfristiger Perspektive für Portfoliounternehmen
Portfolio-Management			
Akquisitionen (Abk.: A.)	A. zur Fortsetzung des Buy-Out Kreislaufs	A. zum Erhalt der Wettbewerbs-fähigkeit, als Reaktion auf Veränderungen und durch ineffiziente Kapitalmärkte	
	Nur freundliche Übernahmen möglich	Freundliche und Feindliche Übernahmen	Möglichkeit zu Feindlichen Übernahmen durch BOG durch Auflegen börsennotierter Fonds
	Typischerweise Unverwandte A.	Verwandte und Unverwandte A.	„Buy-and-Build"-Strategien von BOGs, hier: Verwandte A.
	Regelmäßige A.	Regelmäßige A.	
	Reaktives & hauptsächlich aktives Aufspüren von A.	Reaktives & hauptsächlich aktives Aufspüren von A.	
Desinvestitionen (Abk.: D.)	D. zur Realisierung des Gewinns und zum Ausbau des Track-Records (Fortsetzung des Buy-Out Kreislaufs)	D. aufgrund interner Faktoren auf Unternehmens- und Teileinheitsebene und externer Faktoren	
	D.-kanal strategischer Investor (Trade Sale)	D.-kanal strategischer Investor (Sell-Off)	
	D.-kanal BOG (Secondary Sale)	D.-kanal BOG (Buy-Out)	
	D.-kanal Börse (Initial Public Offering/IPO)	D.-kanal Börse (Spin-Offs, Carve-Outs)	
	Regelmäßige D.	Bedingt Regelmäßige D.	Aufgabe der konglomeraten Struktur einiger Mischkonzerne
	Unflexibel bzgl. des Zeitpunkts der D.	Flexibel bzgl. des Zeitpunkts der D.	Flexibilität der BOG durch Auflegen von Evergreen Fonds

[353] Die Gemeinsamkeiten sind blau unterlegt.

Anhang 4: Zusammenfassung der Analyse

Kooperationen und Partnerschaften (Abk.: K&P)	K&P aufgrund von Risikostreuung, erhöhter Finanzkraft, verbundenem Know-How	K&P aufgrund von Risikostreuung, erhöhter Finanzkraft, verbundenem Know-How	
	Kurz- bis mittelfristige K&P (immer in Verbindung mit einem Buy-Out)	Kurz-, mittel- und langfristige K&P	
	K&P mit seinesgleichen: Club Deals/ Consortium Deals	K&P mit seinesgleichen: vertragslose & vertragliche Zusammenarbeit, Kapitalbeteiligung, Joint Venture, Strategische Allianz	
	K&P in gemeinsam geplantem Buy-Out		
	K&P im Rahmen eines vollzogenen Buy-Outs		

Analyse der Strukturen

Rechtsform, Eigentumsverhältnisse & Kapitalstruktur	Fonds beteiligt an Portfolio von Unternehmen	Kapital beteiligt an Portfolio von Unternehmen	
	Fondskonzept realisiert durch KG (GmbH & Co. KG) bzw. Limited Partnership	Typischerweise Kapitalgesellschaften (AG, GmbH)	Börsennotierte BOGs und börsennotierte Buy-Out Fonds
	Große, meist institutionelle Investoren oder vermögende Individuen	Breites Publikum an Investoren, also auch Kleinanleger	Zugang von BOG zu Kleinanlegern durch Auflegen börsennotierter Fonds
	Portfoliounternehmen rechtlich & finanziell unabhängig	Interner Kapitalmarkt, Möglichkeit zu weiteren Interdependenzen	
	Budget strikt durch Verträge vorgegeben, nur zu hohen Kosten verhandelbar ➔Änderung d. strategischen Richtung schwer möglich	Interner Kapitalmarkt, Verträge zu geringen Kosten verhandelbar ➔flexibel bzgl. Änderung d. strategischen Richtung	
	Individueller Ansatz für jedes Portfoliounternehmen	Ganzheitlicher Ansatz in Bezug auf Wertsteigerung	
	Leistungsnachweis erfolgt nach Ablauf der Fondslaufzeit	Leistungsnachweis erfolgt jedes Quartal	
	Beschränkte Fondslaufzeit	Unbeschränkt verfügbares Eigenkapital	Evergreen Fonds mit unbeschränkter Laufzeit
	Großer Fremdkapitaleinsatz	Moderater Fremdkapitaleinsatz	
	Direkte Ansprüche der Fremdkapitalgeber an Portfoliounternehmen	Indirekte Ansprüche über die Unternehmenszentrale	

Anhang 4: Zusammenfassung der Analyse

		„empfindliche" Managementbeteiligung am EK	„lose" Managementbeteiligung am EK	
Organisationsstruktur		Flache Hierarchien, alle Nicht-Partner berichten allen Partnern	Hierarchisch, Mini-Konglomerate durch zusätzliche Managementebene	Mini-Konglomerate auch im Portfolio von BOGs enthalten
		Geringe Eingriffstiefe der BOG, daher auch geringe Größe	Eingriffstiefe variiert in Abhängigkeit vom Portfolio (die Größe ebenso)	Ähnliche Eingriffstiefe bei BOG und Finanzholding
Analyse der Systeme				
Anreizsysteme		Extrem hohe Pay-to-Performance Sensitivität	(vergleichsweise) geringe Pay-to-Performance Sensitivität	
		Gut zurechenbar („Divisional Equity")	„weniger" zurechenbar	
		Statusänderung vom Manager zum Eigentümer	Breites Aufgabengebiet, viele geografische & kulturelle Möglichkeiten	
Informationssysteme		Reporting erfolgt hauptsächlich anhand Cash-Flow und traditioneller Erfolgsgrößen	Reporting erfolgt hauptsächlich anhand wertorientierter Größen	
Ressourcenbasis				
Finanzielle Ressourcen		Keine finanziellen Ressourcen	Interner Kapitalmarkt, finanzielle Ressourcen vorhanden	
Sachwerte		Kaum Sachwerte vorhanden („asset light")	Tlw. enorme Sachwerte in Form von Immobilien	
Know How		Enormes Management Know How	Großes Management Know How	
		Kein Know How Transfer zwischen Portfoliounternehmen	Know How Transfer im gesamten Unternehmen	
Kultur		Partnerschaftlich	Hierarchisch	
		Keine unternehmensweiten Initiativen	Förderung von Vielfalt in allen Teilen der Unternehmung	
		Impliziter Leistungsaspekt	Explizit geforderte Leistung	
Reputation (Abk. R.)		R. durch zurückliegende Erfolge (Track Record)	R. durch zurückliegende Erfolge (Unternehmensmarke)	
		R. durch einzelne Projekte	R. durch einzelne Projekte	
		R. durch Interaktion mit Anspruchsgruppen	R. durch Interaktion mit Anspruchsgruppen	
		R. durch Schlüsselpersonal	R. durch Schlüsselpersonal	

Beziehungen & Netzwerke	Extrem mächtiges Netzwerk an Beziehungen	Relativ mächtiges Netzwerk an Beziehungen	
	Kein Internes Netzwerk	Möglichkeit zur Bildung „wissensbasierter Netze"	
Intellectual Property Rights	Nur Nutzung auf Ebene der Portfoliounternehmen	Nutzung auf Ebene des Gesamtkonzerns	

Literaturverzeichnis

ABC (2005)
 Corporate Giving Shows Business Care, ABC News, 07.01.2005, Online im Internet: http://abcnews.go.com/Business/Tsunami/story?id=371760&page=3 [Stand: 19.09.2006].

Afuah, A. (2003)
 Business Models: A Strategic Management Approach, McGraw-Hill, New York, USA, 2003.

Amit, R., Zott, C. (2001)
 Value Creation in e-Business, in: Strategic Management Journal, 22.Jg., H.6/7, Juni-Juli 2001, S.493-520.

Anders, G. (1992)
 The "Barbarians" in the Boardroom, in: Harvard Business Review, 70.Jg, H.4, Juli-August 1992, S.79-87.

Ansoff, H.I. (1965)
 Corporate Strategy: An Analytic Approach to Business Policy for Growth and Expansion, McGraw-Hill, New York 1965.

Arbeitskreis „Finanzierung" der Schmalenbach-Gesellschaft für Betriebswirtschaft e.V. (2006)
 Eine empirische Untersuchung zur Veräußerung von Konzernteilen an Private-Equity-Investoren, in: zfbf, 58. Jg., März 2006, S.235-264.

Auctus (2006)
 Der Ablauf einer Beteiligung, Online im Internet: http://www.auctus.com/sub/beteiligung/ablauf.htm [Stand:18.09.2006].

Bader, H. (1996)
 Private Equity als Anlagekategorie: Theorie, Praxis und Portfoliomanagement für institutionelle Investoren, Bern, Diss. 1996.

Baker, G.P., Montgomery, C.A. (1994)
 Conglomerates and LBO Associations: A Comparison of Organizational Forms, Harvard Business School working paper, 1994, S.1-34.

Bance, A. (2004)
 Why and how to invest in Private Equity, European Private Equity and Venture Capital Association (EVCA), Special Paper, 2004.

Barney, J.B. (2002)
Gaining and Sustaining Competitve Advantage, 2.Aufl., Prentice-Hall, Upper Saddle River 2002.

BCG (2004)
Portfolio-Strategie, The Boston Consulting Group, Präsentation an der Universität Regensburg vom 6.Dezember 2004, 45S., Online im Internet: http://www.wiwi.uni-regensburg.de/dowling/files/sm/WS05-06/SM16-1-06.pdf#search=%22regensburg%2006dez04%22 [Stand: 24.09.2006].

Berg, A., Gottschalg, O. (2003)
Understanding Value Generation in Buyouts, INSEAD Working Paper Series, Fontainebleau, 2003.

Berg, A. (2005)
What is Strategy for Buyout Associations?, Verlag für Wissenschaft und Forschung, Berlin, 2005.

Berger, P., Ofek, E. (1995)
Diversification's Effect on Firm Value, in: Journal of Financial Economics, 37.Jg., H.1, Januar 1995, S.39-65.

Beuselinck, C., Manigart, S. (2005)
Financial Reporting Quality in Private Equity Backed Companies: The Impact of Ownership Concentration, Vlerick Leuven Gent Working Paper, Vlerick Leuven Gent Management School, Leuven 2005, 23S.

Botazzi, L., da Rin, M., Helmann, T. (2004)
Active Financial Intermediation: Evidence on the Role of Organizational Specialization and Human Capital, European Corporate Governance Institute, Finance Working Paper, 2004.

Brealey, R.A., Myers, S.C. (2003)
Principles of Corporate Finance, 7.Aufl., McGraw-Hill, Boston, USA, 2003.

Bruining, H., Bonnet, M., Wright, M. (2002)
Management Control Systems and Strategy Change in Buyouts, ERIM Report Series Research in Management, Erasmus Research Institute of Management (ERIM), Rotterdam, 2002, 37S.

Bühner, R. (1991)
Management-Holding – Ein Erfahrungsbericht, in: Die Betriebswirtschaft, 51.Jg., 1991, S.141-152.

Bühner, R. (1993)
Strategie und Organisation: Analyse und Planung der Unternehmensdiversifikation mit Fallbeispielen, Gabler, 2.Aufl., Wiesbaden 1993.

Bühner, R. (2000)
Governance Costs, Determinants, and Size of Corporate Headquarters, in: Schmalenbach Business Review, 52.Jg., H.2, April 2000, S.160-181.

Burgel, O. (2000)
UK Venture Capital and Private Equity as an Asset Class for Institutional Investors, Research Report, London Business School, London, 2000.

Burrough, B., Helyar, J. (1989)
Barbarians at the Gate: The Fall of RJR Nabisco, Harper Collins Publishers, New York, USA, 1989.

BVCA (2000)
Private Equity – The New Asset Class: Highlights of the London Business School Report, British Venture Capital Association (BVCA), London, 2000.

BVK (2006a)
Beteiligungskapital – Ein Leitfaden für Unternehmer, Bundesverband Deutscher Kapitalbeteiligungsgesellschaften (BVK), Online im Internet: http://www.bvk-ev.de/bvk.php/cat/10/title/Leitfaden [Stand:11.09.2006].

BVK (2006b)
Mitglieder A-Z, Bundesverband Deutscher Kapitalbeteiligungsgesellschaften (BVK), Online im Internet: http://www.bvk-ev.de/bvk.php/cat/46/title/Mitglieder+A-Z [Stand: 03.09.2006].

Cantwell, J., Santangelo, G.D. (2002)
M&As and the Global Strategies of TNCs, in: Developing Economies, 40.Jg., H.4, Dezember 2002, S.400-434.

Carlyle (2006)
The Carlyle Group – Aerospace & Defense, Online im Internet: http://www.carlyle.com/eng/industry/l2-industry495.html [Stand: 29.09.2006].

Chandler, A.D. (1962)
Strategy and Structure: Chapters in the History of the Industrial Enterprise, MIT Press, Cambridge 1962.

Chen, S. (2003)
The Real Value of "e-Business Models", in: Business Horizons, 46.Jg.,H.6, November-Dezember 2003, S.27-33.

Chesbrough, H.W., Rosenbloom, R.S. (2002)
The Role of the Business Model in Capturing Value from Innovation: Evidence from Xerox Corporation's Technology Spinoff Companies, in: Industrial and Corporate Change, 11.Jg., H.3, S.529-555.

CD&R (2006)
Clayton, Dubilier & Rice – Professionals, Online im Internet: http://www.cdr-inc.com/index_bio.html [Stand: 28.09.2006].

Clow, R. (2002)
Big egos forced to team up to achieve results, Financial Times, 12.12.2002, Online im Internet: http://search.ft.com/searchArticle?queryText=big+egos+forced&y=0&javascriptEnabled=true&id=021212005550&x=0 [Stand: 20.09.2006].

Clow, R., Smith, P. (2002)
Scandals help to break the deal-drought, Financial Times, 11.12.2002, Online im Internet: http://search.ft.com/searchArticle?queryText=scandals+help+break&y=0&javascriptEnabled=true&id=021211004689&x=0 [Stand 20.09.2006].

Collis, D.J., Young, D., Goold, M. (2003)
The Size, Structure, and Performance of Corporate Headquarters, Online im Internet: http://papers.ssrn.com/abstract=475162 [Stand:03.09.2006].

Cramer, J.E. (2000)
Venture Capital als Finanzierungs- und Anlagehilfe, in: Innovative Kapitalanlagekonzepte, Hrsg. E. Hehn, Wiesbaden, 2000, S.163-173.

v. Daniels, H., Seeliger, C.W. (2006)
Diversifizieren – der neue Weg zu Wachstum?, in: Frankfurter Allgemeine Zeitung, 15.05.2006, Nr.112, S.24.

Eden, C., Ackerman, F. (1998)
Making Strategy: The Journey of Strategic Management, Sage Publications, London, Großbritannien, 1998.

EVCA (2006a)
2005 Annual European Private Equity Survey – Conducted on behalf of EVCA by Thomson Financial and PricewaterhouseCoopers, Online im Internet:http://www.evca.com/images/attachments/tmpl_8_art_200_att_ 979.pdf [Stand: 16.07.2006].

EVCA (2006b)
Glossary, European Private Equity & Venture Capital Association (EVCA), Online im Internet: http://www.evca.com/html/PE_industry/glossary.asp?action=search&letter=no [Stand: 12.09.2006].

Fenn, G.W., Liang, N., Prowse, S. (1997)
The Private Equity Market: An Overview, in: Financial Markets, Institutions and Instruments, 6. Jg., H.4, Juli 1997, S.1-105.

Fey, A. (2000)
Diversifikation und Unternehmensstrategie: zur Insuffizienz der Analyse des Diversifikationserfolges in der empirischen Diversifikationsforschung, Europäischer Verlag der Wissenschaften, Frankfurt am Main 2000.

Fimalac (2006)
Information générales – les axes stratégiques, Online im Internet: http://www.fimalac.com/bref.php [Stand 20.09.2006].

Fombrun, C., Shanley, M. (1990)
What's in a Name? Reputation Building and Corporate Strategy, in: Academy of Management Journal, 33.Jg., H.2, S.233-258.

FT.com (2006)
Lex: Blackstone/DT, Financial Times, 24.04.2006, Online im Internet: http://search.ft.com/searchArticle?queryText=blackstone+telekom&y=0&javascriptEnabled=true&id=060424008367&x=0 [Stand: 18.09.2006].

Friedrich, S.A. (2000)
Konzentration der Kräfte: A Resource Based View, in: Die Schwerpunkte moderner Unternehmensführung: Kräfte bündeln – Ballast abwerfen – Werte schaffen, Hrsg. H.H. Hinterhuber, H.K. Stahl, expert/Linde, Wien 2000, S.123-145.

Frommann, H., Dahmann, A. (2003)
Zur Rolle von Venture Capital und Private Equity in der Wirtschaft, Bundesverband Deutscher Kapitalbeteiligungsgesellschaften (BVK), Online im Internet: http://www.bvk-ev.de/pdf/126.pdf [Stand: 28.06.2006].

Frommann, H. (2006)
BVK Statistik: Teilstatistik – Buy-outs 2005, Bundesverband Deutscher Kapitalgesellschaften (BVK), Online im Internet: http://www.bvk-ev.de/pdf/145.pdf [Stand: 12.09.2006].

Gault, L. (2006)
KKR inspires rivals to list, Sunday Telegraph, 07.05.2006, Online im Internet: http://www.telegraph.co.uk/money/main.jhtml?xml=/money/2006/05/07/cnfunds07.xml [Stand: 02.09.2006].

GE (2006)
General Electric – History, Online im Internet: http://www.ge.com/en/company/companyinfo/at_a_glance/history_story.htm [Stand: 11.09.2006].

Gesco (2006)
Gesco AG – Die Strategie, Online im Internet: http://www.gesco.de/strategie.php [Stand: 18.09.2006].

Gillies, C. (2006)
Mischkonzerne – Kleine Vielfalt, Financial Times Deutschland (FTD), Online im Internet: http://www.ftd.de/karriere_management/management/90672.html [Stand: 30.09.2006].

Gompers, P.A. (1996)
Grandstanding in the Venture Capital Industry, in: Journal of Financial Economics, 42.Jg., H.1, September 1996, S.133-156.

Gompers, P.A., Lerner, J. (1999)
The Venture Capital Cycle, MIT-Press, Cambridge, USA, 1999.

Gompers, P.A., Lerner, J. (2001)
The Venture Capital Revolution, in: Journal of Economic Perspectives, 15.Jg., H.2, 2001, S.145-168.

Goold, M., Campbell, A., Alexander, M. (1995)
Corporate Strategy: The Quest for Parenting Advantage, in: Harvard Business Review, 73.Jg., März-April 1995, S.120-132.

Gottschalg, O., Meier, D. (2005)
What Does it Take to be Good Parent? Opening the Black-Box of Value Creation in the Unrelated Multibusiness Firm, HEC Working Paper, Paris, 2005.

Hahn, D. (2006a)
Stand und Entwicklungstendenzen der strategischen Planung, in: Strategische Unternehmensplanung – Strategische Unternehmensführung, Hrsg. D. Hahn, B.Taylor, 9.Aufl., Springer, Berlin u.a. 2006, S.3-28.

Hahn, D. (2006b)
Strategische Unternehmensführung – Grundkonzept, in: Strategische Unternehmensplanung – Strategische Unternehmensführung, Hrsg. D. Hahn, B.Taylor, 9.Aufl., Springer, Berlin u.a. 2006, S.29-50.

Hahn, D. (2006c)
Zweck und Entwicklung der Portfolio-Konzepte, in: Strategische Unternehmensplanung – Strategische Unternehmensführung, Hrsg. D. Hahn, B.Taylor, 9.Aufl., Springer, Berlin u.a. 2006, S.215-248.

Hahn, D. (2006d)
Integrierte Organisations- und Führungskräfteplanung, in: Strategische Unternehmensplanung – Strategische Unternehmensführung, Hrsg. D. Hahn, B.Taylor, 9.Aufl., Springer, Berlin u.a. 2006, S.328-351.

Hahn, D., Bleicher, K. (2006)
Organisationsplanung als Gegenstand der strategischen Planung, in: Strategische Unternehmensplanung – Strategische Unternehmensführung, Hrsg. D. Hahn, B. Taylor, 9.Aufl., Springer, Berlin u.a. 2006, S.313-327.

Hall, R. (1992)
The Strategic Analysis of Intangible Resources, in: Strategic Management Journal, 13.Jg., H.2, Februar 1992, S.135-144.

Hamel, G. (2000)
Leading the Revolution, Harvard Business School Press, Boston, USA, 2000.

Heitzer, B. (2000)
Finanzierung junger innovativer Unternehmen durch Venture-Capital-Gesellschaften, Münster, Univ., Diss. 2000.

Heuskel, D. (1999)
Wettbewerb jenseits von Industriegrenzen – Aufbruch zu neuen Wachstumsstrategien, Campus, Frankfurt/New York 1999.

Holthausen, R., Larcker, D.F. (1996)
The Financial Performance of Reverse Leveraged Buyouts, in: Journal of Financial Economics, 42.Jg., H.3, November 1996, S.293-332.

Honeywell (2006)
Honeywell – Our Culture & Commitment to Diversity, Online im Internet:
http://www.honeywell.com/sites/honeywell/ourculturen3_cat1ec3d95-fb542818d2-3e3e4447ab3472a0c2a5e5fdc1e6517d_HTM1ec3d95-fb542b1f45-3e3e4447ab3472a0c2a5e5fdc1e6517d.htm [Stand: 12.09.2006].

Hungenberg, H. (2002)
Fokussierung versus Diversifikation – Überlegungen zur Zukunft der „Multibusiness Firm", IUP Working Paper, Universität Erlangen, 21.S., 2002.

Hungenberg, H. (2004)
Strategisches Management in Unternehmen, Gabler, 3.Auflage, Wiesbaden 2004.

Jensen, M.C. (1989a)
Active Investors, LBOs and the Privatization of Bankruptcy, in: Journal of Applied Corporate Finance, 2.Jg., H.1, 1989, S.35-44.

Jensen, M.C. (1989b)
The Eclipse of the Public Corporation, in: Harvard Business Review, 67.Jg., H.5, September-Oktober 1989, S.61-74.

Jensen, M.C. (1989c)
The Eclipse of the Public Corporation, Research Paper, Social Science Research Network (SSRN), 30S., Online im Internet:
http://papers.ssrn.com/abstract=146149 [Stand: 03.08.2006].

Jesch, T. A. (2004)
Private-Equity-Beteiligungen, Gabler, Wiesbaden, 2004.

Johnson, G., Scholes, K. (1993)
Exploring Corporate Strategy, Prentice Hall, 3.Aufl., New York 1993.

Jugel, S., Laib, P., Müller-Reichart, M. (2003)
Die Rolle nichtbörsennotierter Beteiligungen der deutschen Versicherungswirtschaft, in: Venture Capital Magazin, H.6, 2003, Online im Internet: http://www.competence-site.de/banken.nsf/F8A47822F55ED393C1256D2B0036C31A/$File/studie_kurzv.pdf [Stand:11.09.2006].

Kaplan, S.N., Strömberg, P. (2000)
Financial Contracting Theory meets the Real World: An Empirical Analysis of Venture Capital Contracts, Online im Internet: http://papers.ssrn.com/sol3/abstract_id=218175 [Stand: 25.09.2006].

Kester, W.C., Luehrman, T.A. (1995)
Rehabilitating the Leveraged Buyout, in: Harvard Business Review, 73.Jg., H.3, Mai-Juni 1995, S.119-130.

Khanna, T., Papelu, K. (1997)
Why Focused Strategies May Be Wrong for Emerging Markets, in: Harvard Business Review, 75.Jg., H.4, Juli/August 1997, S. 41-51.

KKR (2006)
Kohlberg, Kravis, Roberts – Current Investments, Online im Internet: http://www.kkr.com/investments/current-invest.html [Stand: 24.09.2006].

Kraft, V. (2001)
Private Equity für Turnaround-Investitionen: Erfolgsfaktoren in der Managementpraxis, Campus, Frankfurt 2001.

Kussmaul, H., Pfirmann, A., Tcherveniachki, V. (2005)
Leveraged Buyout am Beispiel der Friedrich Grohe AG, in: Der Betrieb, 58.Jg., H.47, S.2533-2540.

Larsen, P.T. (2006)
Private Equity Barbarians face battle, Financial Times, 03.09.2006, Online im Internet: http://www.ft.com/cms/s/68a4cee2-3b6f-11db-96c9-0000779e2340.html [Stand: 13.09.2006].

Loos, N. (2005)
Value Creation in Leveraged Buyouts, Dissertation, Universität St. Gallen, St. Gallen, Schweiz 2005.

Magretta, J. (2002)
Why Business Models Matter, in: Harvard Business Review, 80.Jg., H.5, Mai 2002, S.86-92.

Mirow, M. (1994)
Shareholder Value als Instrument der internen Unternehmensführung, in: Der Shareholder Value Report, Hrsg. R. Bühner, Landsberg/Lech, 1994, S.91-105.

Mirow, M. (1997)
Entwicklung internationaler Führungsstrukturen, in: Handbuch Internationales Management, Hrsg. K. Macharzina, M.J. Oesterle, Gabler, Wiesbaden 1997, S.641-661.

Mirow, M. (2000)
Strategien zur Wertsteigerung in diversifizierten Unternehmen, Nachdruck, 24S., erschienen in: Die Zukunft der diversifizierten Unternehmung, Hrsg. H.H. Hinterhuber, S.A. Friedrich, H.Pechlaner, Franz Fahlen, München 2000, S.325-343.

o.V. (2006a)
Textron Inc. (TXT) – Key Statistics, Online im Internet: http://finance.yahoo.com/q/ks?s=TXT [Stand: 30.09.2006].

o.V. (2006b)
United Technologies Corp. (UTX) – Key Statistics, Online im Internet: http://finance.yahoo.com/q/ks?s=UTX [Stand: 30.09.2006].

Penrose, E.T. (1959)
The Theory of the Growth of the Firm, Oxford University Press, Oxford 1959.

Phan, P.H., Hill, C.W.L. (1995)
Organizationeal Restructuring and Economic Performance in Leveraged Buyouts: An Ex Post Study, in: Academy of Management Journal, 38.Jg., H.3, S.704-739.

Porter, M.E. (1998)
Competitive Strategy, The Free Press, 2.Aufl., New York, USA, 1998.

Porter, M.E. (2001)
Strategy and the Internet, in: Harvard Business Review, 79.Jg., H.3, März 2001, S.63-78.

Prowse, S. (1998)
The Economics of the Private Equity Market, in: Federal Reserve Bank of Dallas: Economic Review, Third Quarter, S.21-34.

Rappaport, A. (1990)
The Staying Power of the Public Corporation, in: Harvard Business Review, 68.Jg., H.1, Januar/Februar 1990, S.96-104.

Rumelt, R.P. (1974)
Strategy, Structure, and Economic Performance, Cambridge 1974.

Rumelt, R.P., Schendel, D., Teece, D.J. (1991)
Strategic Management and Economics, in: Strategic Management Journal, 12.Jg., H.8 (Winter Special), 1991, S.5-29.

Sahlman, W.A. (1990)
The Structure and Governance of Venture Capital Organizations, in: Journal of Financial Economics, 27.Jg, H.2, 1990, S.473-521.

Schefczyk, M. (2000)
Finanzieren mit Venture Capital, Schäffer-Poeschel, Stuttgart, 2000.

Schmoll, G.A. (2001)
Kooperationen, Joint Ventures, Allianzen, Deutscher Wirtschaftsdienst, Köln 2001.

Schühsler, H. (1999)
Finanzierungen mit Venture Capital: Erfolgskriterien und Entwicklungsmöglichkeiten in Österreich, in: Beteiligungsfinanzierung – Neues Chancenkapital für Unternehmen, Hrsg. W. Stadler, 2.Aufl., Wien 1999, S.50-60.

Schüle, F.M. (1992)
Diversifikation und Unternehmenserfolg: Eine Analyse empirischer Forschungsergebnisse, Gabler, Wiesbaden 1992.

Schumpeter, J.A. (1964)
Theorie der wirtschaftlichen Entwicklung, 6.Aufl., Duncker & Humblot, Berlin 1964.

Selz, D. (1999)
Value Webs: Emerging forms of fluid and flexible organizations: Thinking, organizing, communicating, and delivering value on the Internet, Dissertation, Universität St. Gallen, St. Gallen, Schweiz 1999.

Shulman, L. (1999)
Management Lessons of Premium Conglomerates, The Boston Consulting Group, Discussion Paper, 1999.

Siemens (2006a)
Siemens Global Website: Our Businesses, Online im Internet: http://www.siemens.com/index.jsp?sdc_p=ft6mls7uo1328971i1032480pcz3&sdc_bcpath=1327903.s_7,&sdc_sid=24756285027& [Stand: 19.09.2006].

Siemens (2006b)
Siemens Real Estate – Profile, Online im Internet: http://www.siemens.com/index.jsp?sdc_p=i1241612z3cdfi1002931lmno 1004532ps2t15u17z1&sdc_sid=26392683301 [Stand: 20.09.2006].

Slywotzky, A.J. (1996)
Value Migration: How to Think Several Moves Ahead of the Competition, Harvard Business School Press, Boston, USA, 1996.

Slywotzky, A.J., Morrison, D.J. (1998)
Profit Zone: How Strategic Business Design Will Lead You to Tomorrow's Profits, Times Books, New York, USA, 1998.

Smiddy, O., Elliot, D. (2006)
Hands warns of private equity blowout, Financial News, 04.10.2006, Online im Internet: http://www.efinancialnews.com/index.cfm?page=archive_search&contentid=1045575642 [06.10.2006].

Smith, P., Politi, J. (2006)
KKR in record $33bn deal for HCA, in: Financial Times, 24.06.2006, Online im Internet: http://www.ft.com/cms/s/6c7d3faa-1e1d-11db-9877-0000779e2340.html [Stand: 13.09.2006].

Stähler, P. (2001)
Geschäftsmodelle in der digitalen Ökonomie, Josef Eul, Lohmar, 2001.

Steinmann, H., Schreyögg, G. (1997)
Management: Grundlagen der Unternehmensführung, Gabler, 4.Aufl., Wiesbaden 1997.

Tapscott, D. (2001)
Rethinking Strategy in a Networked World, in: Strategy + Business, H.24, 3.Quartal 2001, S.34-41.

Teece, D.J. (1995)
Towards an Economic Theory of the Multiproduct Firm, in: Transaction Cost Economics, Volume I: Theory and Concepts, Hrsg. O.E.Williamson, S.E.Masten, London 1995, S.153-177.

Temple, P. (1999)
Private Equity: Examining the New Conglomerates of European Business, John Wiley & Sons, Chichester, Großbritannien, 1999.

Timmers, P. (1998)
Business Models for Electronic Markets, in: Electronic Markets, 8.Jg., H.2, S.3-8.

Toshiba (2006)
Toshiba – Corporate Information, Online im Internet: http://www.toshiba.co.jp/worldwide/about/overseas.html [Stand: 14.09.2006].

Trefgarne, G. (2006)
The barbarians are back, Sunday Telegraph, 07.05.2006, Online im Internet: http://www.telegraph.co.uk/money/main.jhtml?xml=/money/2006/05/07/ccom07.xml#2 [Stand: 02.09.2006].

Van der Heijden, K. (1996)
Scenarios: The Art of Strategic Conversation, John Wiley, Chichester 1996.

Venkatraman, N., Henderson, J.C. (1998)
Real Strategies for Virtual Organizing, in: MIT Sloan Management Review, 40.Jg., H.1, Herbst 1998, S.33-48.

Villalonga, B., McGahan, A.M. (2001)
The Choice among Acquisitions, Alliances and Divestitures, Harvard Business School, Working Paper, Mai 2001.

Weidig, T., Mathonet, P.Y. (2004)
The Risk Profiles of Private Equity, European Investment Fund (EIF), Luxemburg, Januar 2004.

Wright, M., Thompson, S., Robbie, K. (1993)
Finance and Control in Privatisation by Management Buy-Out, in: Financial Accountability and Management, 9.Jg., H.2, Mai 1993, S.75-99.

Wright, M., Robbie, K., Thompson, S., Starkey, K. (1994)
Longevity and the Life-Cycle of Management Buy-Outs, in: Strategic Management Journal, 15.Jg., März 1994, S.215-227.

Wright, M., Robbie, K. (1996)
The Investor-led Buy-out: A New Strategic Option, in: Long Range Planning, 29.Jg., H.5, 1996, S.691-702.

Wright, M., Robbie, K. (1998)
Venture Capital and Private Equity: A Review and Synthesis, in: Journal of Business Venturing & Accounting, 25.Jg., H.5/6, 1998, S.521-570.

Wright, M., Hoskisson, R.E., Busenitz, L.W. (2001)
Firm Rebirth: Buyouts as Facilitators of Strategic Growth and Entrepreneurship, in: Academy of Management Executive, 15.Jg., H.1, Februar 2001, S.111-125.

Wright, M., Lockett, A. (2003)
The Structure and Management of Alliances: Syndication in the Venture Capital Industry, in: Journal of Management Studies, 40.Jg., H.8, S.2073-2102.

Zahra, S.A. (1995)
Corporate Entrepreneurship and Financial Performance: The Case of Management Leveraged Buyouts, in: Journal of Business Venturing, 10.Jg., H.3, S.225-247.

Zemke, I. (1998)
Strategische Erfolgsfaktoren von Venture Capital- beziehungsweise Private-Equity-Gesellschaften, in: Zeitschrift für das gesamte Kreditwesen, 51.Jg., H.5, S. 212-215.